U0504033

本研究得到国家海洋局海洋发展战略研究所支持

智库 中社
国家智库报告 2018（40）
National Think Tank
国际问题研究

欧盟对华海洋政策与实践：早期发展和新动向

刘衡 谢琼 著

EU'S MARITIME POLICY AND PRACTICE ON CHINA:THE EARLY DEVELOPMENT AND NEW TREND

中国社会科学出版社

图书在版编目(CIP)数据

欧盟对华海洋政策与实践：早期发展和新动向／刘衡，谢琼著．—北京：中国社会科学出版社，2018.10

(国家智库报告)

ISBN 978－7－5203－3371－9

Ⅰ.①欧… Ⅱ.①刘…②谢… Ⅲ.①欧洲国家联盟—海洋开发—对华政策—研究 Ⅳ.①D850.2②P74

中国版本图书馆 CIP 数据核字（2018）第 237556 号

出 版 人 赵剑英
项目统筹 王 茵
责任编辑 喻 苗
特约编辑 郭 枭
责任校对 李 剑
责任印制 李寡寡

出　　版 中国社会科学出版社
社　　址 北京鼓楼西大街甲 158 号
邮　　编 100720
网　　址 http://www.csspw.cn
发 行 部 010－84083685
门 市 部 010－84029450
经　　销 新华书店及其他书店

印刷装订 北京君升印刷有限公司
版　　次 2018 年 10 月第 1 版
印　　次 2018 年 10 月第 1 次印刷

开　　本 787×1092 1/16
印　　张 6.75
字　　数 70 千字
定　　价 36.00 元

凡购买中国社会科学出版社图书，如有质量问题请与本社营销中心联系调换
电话：010－84083683

摘要：欧盟处理海洋事务的权能来自成员国的让渡。《里斯本条约》对欧盟涉海专属权能和共享权能有明确规定。对外涉海政策具体由欧盟外交事务和安全政策高级代表以及对外行动署执行。欧盟理事会海洋法工作组是协调联盟所有海洋法事务的专门机构。

欧盟对华交往中第一次提及海洋事务是1995年。欧盟早期对华涉海事务的主要诉求是双边海运合作，南海问题有所提及，东海问题则从未提及。自2007年开始，欧盟推行积极介入域外海洋事务战略。与此同时，东亚海洋形势出现新态势，东海、南海问题成为欧盟新阶段对外关系中涉华经常性议题，重点是南海问题。在欧盟对华政策性文件，中欧领导人会晤文件，欧盟与美国、日本、越南、菲律宾、东盟双边文件，以及七国集团相关文件和其他国际场合中，东海、南海问题一再被提及。欧盟对华文件和中欧领导人会晤文件聚焦海洋合作，其他文件则侧重于中国对南海、东海形势带来的挑战，强调通过第三方争端解决方式（特别是《联合国海洋法公约》附件七仲裁）解决相关争议。欧盟的上述态度在2016年7月之后出现明显回调。

总体上，欧盟与中国建交40多年，涉华海洋事务进入议事日程是近20多年的故事。2012年至2016年，受多种因素影响，欧盟在东海、南海问题上表现一度强势。它在东海、南海问题上体现出模糊性、阶段性、集体行动、与中国利益相悖和重视国际法在涉海事务中的作用等特点。与此同时，特别是2012年以来，中欧海洋合作的需求和趋势也越来越明显，双方已同意构建“中欧蓝色伙伴关系”，中欧海洋合作前景广阔。

关键词：欧盟；海洋政策与实践；中国；东海、南海问题；蓝色伙伴关系

Abstract: The European Union's competence for maritime affairs is transferred by its Member States. The Lisbon Treaty expressly provides that the Union has exclusive competence for certain maritime matters and shares competence with its Member States for certain other maritime matters. The Union's foreign maritime policy is implemented by the High Representative for Foreign Affairs and Security Policy and the European External Action Services (EEAS). The EU established the Council's Working Party on the Law of the Sea (COMAR) to, as a special body, coordinate all related affairs within the Union.

The maritime affairs occurred on the agenda of the EU relations with China for the first time in 1995. The main claim of the EU was about bilateral maritime transport cooperation on the early stage. The South China Sea issue was mentioned sometimes, and the East China Sea issue never. Since 2007, the EU has carried out the strategy of proactive engagement in extra-territorial maritime affairs. At the same time, new situations emerged in East Asia's maritime areas, the East and South China Seas issues have become a China-related topic frequently discussed in the EU foreign relations in the new phase, with a focus on the South China Sea issue. The East and South China Seas issues have been repeatedly mentioned in the EU policy documents on China, EU-China summit documents, EU's bilateral documents with the US, Japan, Vietnam, the Philippines, and the ASEAN, and related documents of the G7 and at other international occasions. The EU policy documents on China and the EU-China Summit documents focus on maritime cooperation. Other documents, however, underline that what China do may be challenges to the East and South China Seas situations, emphasizing that the related disputes should be settled through the third-party dispute settlement means, especially Annex VII arbitration of the United Nations Convention on the Law of the Sea (UNCLOS). The EU's related attitudes experienced an obvious back-adjustment after July 2016.

In general, maritime affairs occurs on the EU's foreign agenda is only a story of nearly 20 years since the EU established formal diplomatic relations with China more than 40 years ago. Due to various factors, the EU was once strong on the East and South China Seas issues between 2012 and 2016. The EU has demonstrated some characteristics on the East and South China Seas issues, such as its attitudes are vague and evolving, it usually acts collectively with the US and others, its performance conflicts with China's rights and interests, and it attaches importance to the role of international law in maritime affairs. Meanwhile, especially after 2012, the demand and trend of EU-China maritime cooperation have become more and more evident. The two sides have agreed on a EU-China Blue Partnership for the oceans, and EU-China maritime cooperation has bright prospects.

Keywords: EU, Maritime Policy and Practice, China, East and South China Seas Issues, Blue Partnership for Oceans

前　　言

自1975年与中国建交以来，欧盟[①]对华政策一直在曲折中发展，从初期的经贸领域逐渐扩展到政治、财政金融、科技、交通和信息技术、气候变化、能源、环保、海洋等多个领域。随着欧盟海洋战略转型、中国提出海洋强国战略以及全球治理在海洋领域的延伸等新发展，中欧在海洋事务方面的交集越来越多，对华海洋事务不断在欧盟议事日程中出现。

欧盟是一个由部分欧洲国家组成的政府间国际组织，它处理相关事务的权能来自成员国的让渡和授权，海洋领域也不例外。欧盟处理海洋事务首先需要其依

---

① 自1951年《欧洲煤钢共同体条约》决定成立欧洲煤钢共同体，至2009年《里斯本条约》生效，欧盟自身经历了从欧洲煤钢共同体、欧洲经济共同体、欧洲共同体（包括欧洲经济共同体、欧洲煤钢共同体和欧洲原子能共同体）到欧洲联盟的复杂演变。在演变过程中，它的法律依据、组织形态、权能范围和职能机构等都发生了实质性变化。为行文方便计，除特别指明外，本文使用“欧盟”泛指该组织称谓。

组织宪章具有处理相关涉海事务的权能，即欧盟法[①]依据。在处理海洋事务（包括国际海洋事务）时，欧盟的各项决定、立场、政策和实践受制于欧盟内部复杂的组织结构和决策机制。

欧盟1998年成为《联合国海洋法公约》（以下简称《公约》）缔约方，是目前《公约》唯一一个国际组织缔约方。在加入《公约》后的一段时间内，欧盟致力于在联盟内部遵守和实施《公约》。对华海洋事务极少提上议事日程。2007年以后，欧盟启动海洋战略转型工作，推行积极介入域外海洋事务的政策。[②] 海洋事务进入中欧关系的视野主要是欧盟开启海洋战略转型（特别是2012年）以后的事。欧盟对华海洋政策与实践主要涉及东海、南海问题，重点是南海问题。[③]

本报告旨在梳理欧盟对华海洋政策与实践的基本情况，总结基本特点，研判其对双方海洋合作可能产生的影响。为此，报告将依次讨论以下问题：首先，欧盟处理海洋事务的法律依据、权能范围及其决策和

① 伴随欧盟的复杂演变过程，欧盟内部的法律秩序也经历了从欧洲经济共同体法、欧洲共同体法到欧盟法的复杂演变。为行文方便计，除特别指明外，本文使用“欧盟法”泛指该法律秩序称谓。

② 相关情况可参见刘衡《介入域外海洋事务：欧盟海洋战略转型》，载《世界经济与政治》2015年第10期。

③ 此外，欧盟和中国在一些国际和区域海洋事务中，比如国家管辖范围以外区域海洋生物多样性议题（BBNJ）、北极事务和亚丁湾海域护航等方面也存在部分交集。

执行。其次，1995—2007 年欧盟对华海洋政策与实践。再次，欧盟对华海洋政策与实践的新发展。最后，在前面论述的基础上总结欧盟对华海洋政策与实践的基本立场和主要特点，就加强中欧海洋合作提出相关建议。

目　　录

第一章　欧盟处理海洋事务的法律依据、权能范围及其执行

欧盟处理海洋事务的权能来自成员国的让渡和授权，且只能在成员国让渡的事项上和相应的授权范围内行使有关权力。欧盟基础条约对欧盟的相关权能及其范围做出了规定；欧盟机构（特别是欧盟法院）通过实践不断就欧盟的权能所涉事项及其范围做出澄清和调整。欧盟内部的组织结构复杂，决策机制相应错综复杂，这影响着欧盟对海洋事务的处理。

一　欧盟处理海洋事务的欧盟法依据及其权能范围

欧盟处理海洋事务需要在欧盟法层面解决两个问题：首先，组织宪章（欧盟基础条约）是否赋予其国

际法律人格？其次，欧盟成员国是否将处理相关事项的权能让渡给欧盟？

（一）《里斯本条约》生效前的法律与实践

在欧盟复杂的演变过程中，基础条约对该组织国际法律人格的规定“一直模棱两可”[①]。一般认为《欧洲经济共同体条约》（《罗马条约》）第210条和其后的《欧洲共同体条约》第281条可成为赋予该组织法律人格的法律依据——以默示的方式。[②] 这两个条款都只有一句话：“共同体应具有法律人格”，但没有指明该“法律人格”是成员国国内法上的法律人格，还是也包括“国际法律人格”？

尽管存在诸多文本模糊和因此导致的理论分歧，在实践中，欧洲经济共同体和欧洲共同体（甚至《里斯本条约》之前的欧洲联盟）在各自的权能范围内缔结了大量的国际协定，表明该组织实际享有国际法律人格，共同体法律秩序认可这一事实。

与国际法律人格直接相关的问题是权能的范围，

---

① Pieter Jan Kuijper, Jan Wouters, Frank Hoffmeister, Geert De Baere, and Thomas Ramopoulos, *The Law of EU External Relations: Cases, Materials, and Commentary on the EU as an International Legal Actor*, Oxford University Press, 2013, p. 1.

② 1991年通过的《欧洲联盟条约》（《马斯特里赫特条约》）甚至没有提及“法律人格”。由于此时的“欧盟”权限并不涉及海洋事务，本报告不予讨论。

即只限于基础条约明确赋予了条约缔结权的领域，还是至少（可能）涵盖基础条约所涉及的所有领域？这涉及欧盟处理对外关系事务的能力。欧洲法院1971年"欧洲公路运输协定案"（European Road Transportation Agreement，ERTA）判决确立的"ERTA规则"或"ERTA原则"回答了这个问题：如果成员国缔结的国际协定"影响"联盟内部立法（或"修改了立法的范围"），则此领域的缔结权属于联盟的专属权能。[①] 欧洲法院1977年"1/76号意见"[②] 和2006年"03/1号意见"[③] 遵循并发展"ERTA规则"的适用。这些"司法造法"最终被编纂进《里斯本条约》。

欧盟于1984年12月签署《公约》，并依规定附上了"权能声明"[④]。但该声明只是以一种"相当捉摸不

---

① Judgment of the Court of 31 March 1971, *Commission of the European Communities v. Council of the European Communities*, Case 22/70, *European Court Reports* 1971, p. 263 (ERTA Case), paras. 1 – 32, 68 – 92, 100.

② Opinion of the Court of 26 April 1977, *Draft Agreement establishing a European laying-up fund for inland waterway vessels*, Opinion 1/76, *European Court Report* 1977, p. 741.

③ Opinion of the Court of 7 February 2006, *Competence of the Community to conclude the new Lugano Convention on jurisdiction and the recognition and enforcement of judgments in civil and commercial matters*, Opinion 1/03, *European Court Reports* 2006, pp. 1 – 1145, paras. 114 – 132.

④ 原文相关内容如下：It declares *inter alia* that: Competence of the European Communities with regard to matters governed by the Convention on the Law of the Sea (Declaration made pursuant to article 2 of Annex IX to the Convention).

（转下页）

定和简洁的方式”指出了共同体享有权能的《公约》所涉事项。[①] 该声明指出“成员国已经将有关海洋生物资源的养护和管理的权能转移给共同体”，但是并未指明该权能的性质是共同体的专属权能还是共享权能，也没有提及涉海国际贸易的问题。1998 年，欧盟与除比利时、丹麦和卢森堡之外的所有成员国同时加入《公约》（包括《公约〈第十一部分〉执行协定》），在其 4 月 1 日交存的加入文书中包括依《公约》附件

（接上页）Article 2 of Annex IX to the Convention on the Law of the Sea stipulates that the participation of an international organisation shall be subject to a declaration specifying the matters governed by the Convention in respect of which competence has been transferred to the organisation by its member states.

The European Communities were established by the Treaties of Paris and of Rome, signed on 18 April 1951 and 25 March 1957, respectively. After being ratified by the Signatory States the Treaties entered into force on 25 July 1952 and 1 January 1958.

In accordance with the provisions referred to above this declaration indicates the competence of the European Economic Community in matters governed by the Convention.

The Community points out that its Member States have transferred competence to it with regard to the conservation and management of sea fishing resources. Hence, in the field of sea fishing it is for the Community to adopt the relevant rules and regulations (which are enforced by the Member States) and to enter into external undertakings with third states or competent international organisations.

See "Declarations and statements", http://www.un.org/Depts/los/convention_agreements/convention_declarations.htm, European Community Upon signature.

① Veronica Frank, *The European Community and Marine Environmental Protection in the International Law of the Sea: Implementing Global Obligations at the Regional Level*, Leiden: Martinus Nijhoff Publisherste, 2006, p. 161.

九第 5 条第 1 款做出的“权能声明”[①]。此次“声明”

---

① 原文相关内容如下：It declares *inter alia* that: The Community has exclusive competence for certain matters and shares competence with its Member States for certain other matters.

1. Matters for which the Community has exclusive competence:

—The Community points out that its Member States have transferred competence to it with regard to the conservation and management of sea fishing resources. Hence in this field it is for the Community to adopt the relevant rules and regulations (which are enforced by the Member States) and, within its competence, to enter into external undertakings with third States or competent international organizations. This competence applies to waters under national fisheries jurisdiction and to the high seas. Nevertheless, in respect of measures relating to the exercise of jurisdiction over vessels, flagging and registration of vessels and the enforcement of penal and administrative sanctions, competence rests with the Member States whilst respecting Community law. Community law also provides for administrative sanctions.

—By virtue of its commercial and customs policy, the Community has competence in respect of those provisions of Parts Ⅹ and Ⅺ of the Convention and of the Agreement of 28 July 1994 which are related to international trade.

2. Matters for which the Community shares competence with its Member States:

—With regard to fisheries, for a certain number of matters that are not directly related to the conservation and management of sea fishing resources, for example research and technological development and development cooperation, there is shared competence.

—With regard to the provisions on maritime transport, safety of shipping and the prevention of marine pollution contained inter alia in Parts Ⅱ, Ⅲ, Ⅴ, Ⅶ and Ⅻ of the Convention, the Community has exclusive competence only to the extent that such provisions of the Convention or legal instruments adopted in implementation there of affect common rules established by the Community. When Community rules exist but are not affected, in particular in cases of Community provisions establishing only minimum standards, the Member States have competence, without prejudice to the competence of the Community to act in this field. Otherwise competence rests with the Members States. （转下页）

“非常详尽、清楚、明确”指出了欧盟享有专属权能和共享权能的《公约》所涉事项。① 比如，“声明”指出欧盟享有专属权能的事项包括“海洋渔业资源的养护和管理”、《公约》第十部分和第十一部分以及“1994年协定”中与国际贸易相关的事项；“声明”指出欧盟享有共享权能的事项包括“与海洋渔业资源的养护和管理无直接关联的渔业”“海上运输、船舶安全和海洋污染防治”和“促进科研和技术开发的合

（接上页） A list of relevant Community acts appears in the Appendix. The extent of Community competence ensuing from these acts must be assessed by reference to the precise provisions of each measure, and in particular, the extent to which these provisions establish common rules.

—With regard to the provisions of Parts XIII and XIV of the Convention, the Community's competence relates mainly to the promotion of cooperation on research and technological development with non-member countries and international organizations. The activities carried out by the Community here complement the activities of the Member States. Competence in this instance is implemented by the adoption of the programmes listed in the Appendix.

3. Possible impact of other Community policies

—Mention should also be made of the Community's policies and activities in the fields of control of unfair economic practices, government procurement and industrial competitiveness as well as in the area of development aid. These policies may also have some relevance to the Convention and the Agreement, in particular with regard to certain provisions of Parts VI and XI of the Convention.

See http：//www. un. org/Depts/los/convention_ agreements/convention_ declarations. htm#European Community Declaration made upon formal confirmation.

① Veronica Frank, *The European Community and Marine Environmental Protection in the International Law of the Sea*：*Implementing Global Obligations at the Regional Level*, Leiden：Martinus Nijhoff Publisherste, 2006, p. 163.

作”。上述声明后来得到《里斯本条约》的确认。

（二）《里斯本条约》的新发展

在《欧洲经济共同体条约》第210条和《欧洲共同体条约》第281条及欧洲法院系列“ERTA规则”案例基础上，经2009年年底生效的《里斯本条约》修订后的《欧洲联盟条约》第1条和第47条、第2条，以及《欧洲联盟运行条约》第3条、第4条和第216条一起构成欧盟享有国际法律人格的明确的欧盟法依据。

《欧洲联盟条约》第1条最后一句话“联盟将取代并继承欧洲共同体”和第47条“联盟应具有法律人格”之规定共同“为欧盟创设了一个单一的国际法律人格”[①]。该条约第2条明文规定：“1. 当两部条约赋予联盟在某一特定领域享有专属权能时，只有联盟可在此领域立法和通过具有法律约束力的法令，成员国仅在获得联盟授权或为实施联盟法令的情况下才可在此等领域立法或通过具有法律约束力的法令。2. 当两部条约在某一特定领域赋予联盟一项与成员国共享的权能时，联盟与成员国均可在该领域立法和通过具有

① Pieter Jan Kuijper, Jan Wouters, Frank Hoffmeister, Geert De Baere and Thomas Ramopoulos, *The Law of EU External Relations: Cases, Materials, and Commentary on the EU as an International Legal Actor*, Oxford University Press, 2013, p. 19.

法律约束力的法令。在联盟未行使或决定停止行使其权能的情况下，成员国可行使该项权能。”

《欧洲联盟运行条约》第 3 条第 1 款规定了欧盟拥有专属权能的领域。[1] 与海洋事务直接或可能相关的包括“根据共同渔业政策养护海洋生物资源”（第 1 款 d 项）、“共同商业政策”（第 1 款 e 项）和“关税同盟”（第 1 款 a 项）。该条约第 4 条第 2 款规定了欧盟与成员国共享权能范围。[2] 与海洋事务直接或可能相关的包括“除海洋生物资源养护之外的渔业”（第 2 款 d 项）、“环境（海上污染的预防）”（第 2 款 e 项）和“运输（海上运输、船舶安全）”（第 2 款 g 项）。第 4 条第 3 款规定“联盟在研究、技术开发和空间领域拥有采取行动的权能，特别是确定和执行计划的权能；但该权能的行使不得导致成员国无法行使其权能”。

《欧洲联盟运行条约》第 216 条则概括规定了欧盟的缔约权（同一个或多个第三国或国际组织缔结国际

---

① 《欧洲联盟运行条约》第 3 条第 1 款规定，联盟在下列领域应享有专属权能：（a）关税同盟；（b）确立内部市场运行所必需的竞争规则；（c）欧元区成员国的货币政策；（d）根据共同渔业政策养护海洋生物资源；（e）共同商业政策。

② 《欧洲联盟运行条约》第 4 条第 2 款规定，联盟与成员国共享的权能主要适用于下列领域：（a）内部市场；（b）社会政策中由本条约规定的部分；（c）经济、社会与领土聚合；（d）农业及除海洋生物资源养护以外的渔业；（e）环境；（f）消费者保护；（g）运输；（h）泛欧网络；（i）能源；（j）自由、安全和公正的区域；（k）由本条约确定的公共卫生方面的共同安全问题。

协定的权力）。[①]

上述条款规定回答了欧盟参与海洋事务需要解决的两个欧盟法问题。因此，在专属权能和共享权能范围内，欧盟处理所涉涉海事项不存在法律上的障碍。同时也应注意到，欧盟有不断迈向"共同海洋政策"的趋向。通过考察欧盟加入《公约》后的早期立法和司法实践可以发现，在涉海事务上，欧盟试图在专属权能事项上强化其已完全取代成员国成为一个独立成员的形象；在共享权能方面，则试图借助《公约》相关规定，逐步扩大自身权能或者通过实践从共享权能向专属权能发展；在其他联盟尚不享有权能的《公约》事项方面，它也努力通过各种途径和创新方式，争取在联盟与成员国权能分配方面获得更多，确立欧盟在海洋事务方面的单一实体地位。[②] 因此，欧盟在对外关系实践中所涉海洋事务的范围并不限于两部基础条约的规定，实际表现更为活跃。

---

① 《欧洲联盟运行条约》第 216 条规定：1. 如两部条约有此规定，或者在联盟政策框架下，有必要缔结一项协定以实现两部条约规定的目标，或者一项有约束力的联盟法令做出了此种规定，或者缔结协定有可能影响共同规则或改变其范围，联盟可以与一个或多个第三国或国际组织缔结协定。2. 联盟缔结的协定对联盟机构及成员国均有约束力。

② 参见刘衡《欧洲联盟的〈联合国海洋法公约〉观——基于早期实践初探》，载《国际法研究》2017 年第 6 期。

二　欧盟海洋事务的决策和执行

欧盟机构中，欧盟理事会、欧洲议会和欧盟委员会是欧盟的“三驾马车”。简单地说，欧盟理事会和欧洲议会是立法机构，共同拥有立法权，欧盟委员会是执法机构，欧盟法院是司法机构。欧盟理事会和欧洲议会是欧盟的主要决策机构。在欧盟拥有专属权能和共享权能的政策领域，由欧盟理事会和欧洲议会共同决策（codecision）。[①] 欧盟理事会根据处理的事项不同而称谓不同。其中，农业和渔业理事会，环境理事会，交通、通信和能源理事会，外交理事会等都可能涉及海洋事务。[②] 欧洲议会项下根据不同事项设有20个委员会，其中外事委员会、国际贸易委员会、交通和旅游委员会、渔业委员会等都可能涉及海洋事务。[③] 欧盟委员会同欧盟法院一起确保欧盟法在欧盟的实施，它在国际上代表欧盟，在国际机构中代表所有成员国发声。[④] 欧盟委员会由21名委员组成，海洋事务主要

---

① http：//www. consilium. europa. eu/en/council - eu/decision - making/.

② http：//www. consilium. europa. eu/en/council - eu/configurations/.

③ http：//www. europarl. europa. eu/committees/en/parliamentary - committees. html.

④ https：//europa. eu/european - union/about - eu/institutions - bodies/european - commission_ en.

由环境、海洋事务和渔业委员负责，贸易委员和交通委员的职权范围也可能包括相关海洋事务；另设有一名外交事务和安全政策高级代表，由委员会副主席兼任。①

除上述“三驾马车”外，欧盟法院（Court of Justice of the European Union，CJEU）也发挥着重要作用。法院的职能是保证欧盟法在各成员国的同等适用，解决成员国和欧盟机构之间的法律争端，以及在特定情形下处理个人、公司或组织针对欧盟机构提出的指控，涉海相关法律或争端自然属于法院的管辖事务。②

对外方面，欧盟的外交事务具体由对外行动署（European External Action Services，EEAS）处理。欧盟对外行动署的职能主要有两项：在执行欧盟的外交和安全政策方面为外交事务和安全政策高级代表提供支持；处理欧盟同非欧盟国家的外交关系和战略伙伴关系。③ 就海洋事务而言，内部由欧盟理事会、欧洲议会和欧盟委员会三大机构决策，对外则由外交事务和安全政策高级代表以及对外行动署具体执行。因此，欧盟的对外涉海声明通常都由外交事务和安全政策高级代表代表欧盟发出。

① https：//ec. europa. eu/info/about - european - commission/organisational - structure/political - leadership_ en.

② https：//europa. eu/european - union/about - eu/institutions - bodies/court - justice_ en.

③ https：//europa. eu/european - union/about - eu/institutions - bodies/eeas_ en.

此外，欧盟还设立了欧盟理事会海洋法工作组（the Council's Working Party on the Law of the Sea，COMAR）作为协调所有海洋法事务的专门机构。欧盟及其成员国通过该工作组协调并形成共同立场，然后在国际场合发声。[①] 工作组一般由来自成员国的海洋法专家组成，在综合事务理事会框架下运行，接受理事会总秘书处的协助，受理事会主席国的领导，工作组组长一般由主席国相关人员担任。工作组通常在布鲁塞尔开会，每年四次（依据主席国的安排或相关需要，也可能更多）。自2004年1月爱尔兰担任主席国起，工作组的运行与联合国议程保持一致。通常由欧盟委员会起草对联大决议的声明或评论，然后散发给成员国和相关职能司，最后由成员国在工作组会议中进行讨论并定稿。共同立场以共识方式通过，工作组会议向委员会开放。工作组通过的共同立场将发往纽约，进行进一步讨论和完善。[②]

三　小结

一直以来，欧盟基础条约对欧盟是否具有国际法

---

① Annex III to the Council Decision 98/392, Mandate of the Working Party on the Law of the Sea.

② Veronica Frank, *The European Community and Marine Environmental Protection in the International Law of the Sea: Implementing Global Obligations at the Regional Level*, Leiden: Martinus Nijhoff Publisherste, 2006, pp. 168 – 169.

律人格的模糊规定给欧盟参与相关事务带来了一定的困扰，但成员国让渡给欧盟的专属权能和共享权能足以让欧盟处理相关涉海事务，包括参与第三次联合国海洋法会议并最终加入《公约》。《里斯本条约》的生效从法律上解决了欧盟的国际法律人格问题，欧盟的专属权能和共享权能规定更加明确。①

在欧盟相关事务的决策和执行方面，欧盟理事会、欧洲议会和欧盟委员会“三驾马车”是中枢。在欧盟拥有专属权能和共享权能的政策领域，由欧盟理事会和欧洲议会共同决策。欧盟委员会在国际上代表欧盟，在国际机构中代表所有成员国发声，具体由外交事务和安全政策高级代表以及对外行动署执行。海洋事务亦不例外。另外，欧盟设立了欧盟理事会海洋法工作组作为协调所有海洋法事务的专门机构，在联盟内与成员国协调并形成共同立场，以处理有关事务。

① 欧盟参与国际海洋法事务的权能范围以欧盟交存正式确认书时所附“权能声明”为限。

第二章　欧盟对华早期海洋政策与实践(1995—2007年)

自1975年与中国正式建立外交关系以来，欧盟关注的重点在经贸领域。此外，人权、法治、教育、环境和科技等议题也曾进入欧盟对华政策视野。相当长一段时间内，欧盟对华政策清单上并没有涉海议题，中欧双方也从未在正式场合讨论过涉海事务。自1995年起，欧盟（欧共体）出台多份对华政策性文件，中欧领导人自1998年起定期年度会晤并发表会晤联合新闻公报，涉海事务开始有所提及。与此同时，欧盟自2003年起开始有意识地加强同东盟的关系并出台相关文件，有时也提到南海问题。

一　欧盟对华政策性文件对海洋事务的处理

1995—2007年欧盟开始海洋战略转型之前，欧盟

（欧共体）先后制定了五份对华政策性文件，提及的涉海议题有南海问题和海上运输。在对华关系中，欧盟这一时期关注的核心是如何加强同快速发展的中国之间的经济和贸易联系。在涉海事务上，欧盟的主要诉求是要求同中国就海运议题进行谈判并签署双边海运协定。欧盟最终实现了这一目标。五份对华政策性文件中有三份提到了南海问题（1995 年、2001 年和 2003 年），主要是表达一下关注，基本立场是鼓励当事方通过谈判解决南海相关争端，并愿意为此与中国开展合作研究。

（一）海上运输议题

1995 年 7 月，欧盟发布了有史以来的第一份全面对华政策文件《中欧关系的长期政策》。在该文件中，欧盟就海运议题表达了对中国的一些意见，认为“与美国相比，（中国对共同体的）歧视还表现在（中国）不同意就海上运输议题进行谈判”①。

1998 年 3 月，欧盟发布《与中国建立全面伙伴关系》政策文件。在该文件中，欧盟除将海运议题列为谋求达成双边协定的重点领域外，还将该议题上升为

① Communication from the Commission of the European Communities, *A Long Term Policy For China-Europe Relations*, 05. 07. 1995, COM (95) 279 final, p. 36.

欧盟对亚洲战略（尤其是东盟战略）的优先议题。欧盟认为，“中欧双边贸易对话能够通过在具有特殊利益的领域达成具体的双边协定而得到加强”，相关领域包括海上运输、航空运输、核贸易与安全、海关和科技五大领域，海上运输居首。[①] 关于海上运输，欧盟指出：“委员会具有谈判海上运输部门协定的授权。该协定旨在加强同中国的合作，改善欧洲经营者在中国的市场准入条件。欧盟打算根据自由原则，在该协定的基础上提供海运服务，自由开展货物运输和无准入限制的附加服务。协定可以规定建立一个工作组，工作组向依据《中欧贸易和经济合作协定》成立的联合委员会报告。”[②]

同时，欧盟指出它同中国的对话“应在欧盟对亚洲战略的广泛背景下予以提升，欧盟的这一战略体现在对东盟战略之中。欧盟应着眼于鼓励中国继续负责任地积极参与东盟事务和东盟后续进程。促进与中国就亚洲的可持续发展进行对话，处理亚洲的海上运输问题，打击非法毒品走私，应对亚洲金融危机的后果，处理武器控制和不扩散问题，这些都是欧盟寻求中国

① Communication from the Commission of the European Communities, *Building a Comprehensive Partnership with China*, 25. 03. 1998, COM (1998) 181 final, pp. 16 – 17.

② Ibid. , p. 16.

积极参与东盟事务的优先议题”[1]。

2001 年 5 月，欧共体委员会在名为《欧盟对华战略：1998 年文件执行情况与今后使欧盟政策更有效的步骤》通讯中再次呼吁进行双边海运协定谈判。[2]“按照理事会 1998 年的授权，2001 年 5 月开始探讨性对话，启动双边海上运输协定谈判，以改善运营驶入驶出中国和欧盟海上运输经营者的规制环境。目标是在如下方面制定条款：自由提供国际海上运输服务和市场的自由准入、在中国成立的欧洲公司的国民待遇、收益和投资的无限制转移和促进海洋合作。”[3]

至 2003 年 9 月《走向成熟的伙伴关系：中欧关系中的共同利益和挑战》发布，“在一些重要领域，就达成新的双边协定已经取得进展。（中欧）海运协定已经签署，这是欧盟同第三国签署的首份此类协定。中国已经批准了该协定”[4]。中国在欧盟该政策文件出台一个月后发布了对欧盟首份政策文件《中国对欧盟

---

① Communication from the Commission of the European Communities, *Building a Comprehensive Partnership with China*, 25. 03. 1998, COM (1998) 181 final, p. 6.

② Communication from the Commission of the European Communities, *EU Strategy towards China: Implementation of the* 1998 *Communication and Future Steps for a More Effective EU Policy*, 15. 05. 2001, COM (2001) 265 final, p. 4.

③ Ibid. , p. 15.

④ Policy Paper of the European Communities, *A Maturing Partnership-Shared Interests and Challenges in EU-China Relations*, 10. 09. 2003, COM (2003) 533 final, p. 17.

政策文件》。中国在该文件中提出“在《中欧海运协定》框架下建立中欧定期会晤机制，开展在海运及海事领域的合作，加强在国际海事组织（IMO）等国际组织中的协调配合”[①]。

中欧双边海域协定的签署标志着欧盟这一时期在对华海洋事务上的核心诉求得到了解决，它的视线开始逐步转向其他涉海议题。例如，在2006年《中国和欧盟：更紧密的伙伴与不断增长的责任》政策文件中，欧盟表示，“双方应共同努力处理破坏森林和非法伐木、渔业资源可持续管理和海洋治理问题。”[②]“（加强双边合作）双边合作涉及广泛议题，包括七项正式协定，22个部门对话，涵盖从航空、海上运输到地区、宏观经济政策的各种重要问题。”[③]

（二）南海问题

欧共体对南海问题的提及需要放在它对中欧关系发展大势的研判背景下进行分析。1995年，欧共体自中欧建立外交关系20年来首次出台对华政策文件，其中谈

① 《中国对欧盟政策文件》（2013年10月13日），https：//www.fmprc.gov.cn/ce/cehu/chn/ztbd/zcwj/t64156.htm。

② Communication from the Commission of the European Communities, *EU-China: Closer Partners, Growing Responsibilities*, 24.10.2006, COM (2006) 631 final, p. 5.

③ Ibid., p. 8.

到了南沙群岛的领土争端。关于对中欧关系的总体判断，欧共体表示“中国的崛起给中国和世界都带来了新的挑战和机遇。促进和继续（中国）当前的经济和社会改革进程是欧洲的利益所系”[①]。在南海问题上，欧共体指出，“我们必须利用因参与地区论坛所带来的机会和双边对话，以促进中国在地区事务中成为一个负责任和建设性的角色，包括在诸如朝鲜半岛的核武器问题和南沙群岛等的领土分歧。1995 年 3 月欧盟曾表示坚信以和平方式通过谈判处理在南海和其他地区的这些问题”[②]。注意到，欧共体在谈及南沙群岛的领土问题时，使用的是“differences”，而非“disputes”或者“conflicts”。1995 年 3 月的声明则是欧盟首次对南海问题公开发声，强调应“通过谈判处理”相关问题。[③]

1998 年欧共体的注意力都放在要求同中国进行双边海运协定谈判上。虽然它谈到了亚洲战略（尤其是东盟战略）的大背景，但南海问题显然不在欧共体当时的关注清单上，没有予以提及。欧共体表示，“中国不断增强的政治自信和经济自信应激励欧盟更充分地参与中国（的发展）。总的来说，中国实力的增长与

① Communication from the Commission of the European Communities, *A Long Term Policy For China-Europe Relations*, 05. 07. 1995, COM (95) 279 final, p. 19.

② Ibid., pp. 3 – 4.

③ 笔者目前尚未获得该声明全文。

责任感的增强相匹配。中国在世界舞台不断增强的自信因而需要欧盟的积极回应”[①]。或许在它看来，谈及南海问题不是对中国的“积极回应”。

2001 年，中欧启动了双边海运协定谈判，欧共体表示“与中国的关系将是欧盟未来的主要机遇和挑战”[②]。中欧双方可以“就通过谈判解决南海的领土声索，包括支持继续就‘行为准则’（CoC）展开工作等议题加强研究合作”[③]。其时，中国和东盟国家正在就《南海各方行为宣言》（DOC）展开磋商和谈判，并于次年签署了该宣言。在宣言中，中国和东盟国家重申将制定“南海行为准则”。欧共体在 2001 年就提出与中国就“行为准则”加强研究合作，是很善意且具有前瞻性的。只是不知何故，欧共体的这一提议此后再也没有提及过。

2003 年，欧共体已经同中国签署了双边海运协定，南海问题作为地区议题再次出现。欧共体表示要“加强在双方关注的地区议题的合作，特别是有关确保朝鲜半岛和印度次大陆的和平与安全、鼓励在缅甸实

---

① Communication from the Commission of the European Communities, *Building a Comprehensive Partnership with China*, 25. 03. 1998, COM（1998）181 final, p. 16.

② Communication from the Commission of the European Communities, *EU Strategy towards China*: *Implementation of the* 1998 *Communication and Future Steps for a More Effective EU Policy*, 15. 05. 2001, COM（2001）265 final, p. 20.

③ Ibid. , p. 9.

现政治和解与改革、寻求南海问题的解决”[①]。

在2006年的政策文件中，欧共体表示，“中国是欧盟最重要的伙伴。中国的复兴值得欢迎。但是，为积极和有效回应，欧盟必须改善各个层面的政策协调，确保关键议题上的一个欧洲声音”[②]。政策文件没有提及南海问题。这一做法可以理解为，这一时间点处于欧盟海洋战略调整的评估期，没有也不宜对任何可能敏感的问题发表见解，以影响政策调整。

二 中欧领导人会晤文件对海洋事务的处理

自1998年中欧双方举行第一次年度领导人会晤并发表联合新闻公报以来，至2006年年底，中欧双方共举行了九次领导人会晤，发表了七个联合新闻公报或联合声明、一次欧盟新闻公报。[③] 进入相关文件的唯一

① Policy Paper of the European Communities, *A Maturing Partnership-Shared Interests and Challenges in EU-China Relations*, 10.09.2003, COM (2003) 533 final, p. 11.

② Communication from the Commission of the European Communities, *EU-China: Closer Partners, Growing Responsibilities*, 24.10.2006, COM (2006) 631 final, p. 12.

③ 1999年中欧领导人第二次会晤只有欧盟单方面发表了新闻公报，2000年第三次会晤只举行了新闻发布会，没有发表联合新闻公报或联合声明。

涉海事务是海上运输议题，都发生在2000年以后。2001—2006年的六次联合新闻公报或联合声明中都提及了海运，涉及中欧海运协定的谈判、签订和执行，包括新协定对欧盟新成员国的适用等问题。

在2001年第四次中欧领导人会晤联合新闻公报中，“双方领导人同意于9月13日就中欧海上运输协定正式开始谈判”[①]。在2002年第五次会晤联合新闻公报中，“双方领导人对运输领域取得的进展，特别是双方即将签署中欧海运协定表示欢迎”[②]。

2003年第六次会晤联合新闻公报用整段内容对双边海运协定的签订表示欢迎，其中指出：

> 22. 双方领导人对中欧最近在数项行业协定上所取得的进展表示欢迎。2002年12月，双方签订《中欧海运协定》，该协定业经中方批准和欧洲议会同意。双方领导人对此尤感满意。[③]

2004年第七次会晤联合声明中则指出：

---

① 《第四次中欧领导人会晤联合新闻公报》（2001年9月5日，布鲁塞尔），https：//www. fmprc. gov. cn/ce/cebe/chn/zozyzcwj/celdr/t541012. htm。

② 《第五次中欧领导人会晤联合新闻公报》（2002年9月24日，哥本哈根），https：//www. fmprc. gov. cn/ce/cebe/chn/zozyzcwj/celdr/t541013. htm。

③ 《第六次中欧领导人会晤联合新闻公报》（2003年10月30日，北京），https：//www. fmprc. gov. cn/ce/cebe/chn/zozyzcwj/celdr/t541014. htm。

> 双方领导人对《中欧海运协定》第二次执行会议的结果表示满意，在该会议上双方在关于应对目前和未来海运政策挑战方面体现出非常重要的一致观点，并期待着在国际范围内进一步加强有关贸易和海运问题的双边合作。①

在2005年第八次会晤联合声明中，“双方支持达成”“将现有海运协定扩大至欧盟新成员国的海运议定书”②。2006年第九次会晤联合声明指出：

> 强调要继续在中欧海运协定的框架下保持政策对话，支持中欧海运企业在对方境内开展业务，加强在包括国际海事组织和世界贸易组织在内的国际组织中立场协调与协作。③

此外，时任中国国务院总理温家宝2004年5月6日对欧盟总部进行了访问。访问结束后双方发表了

---

① 《第七次中欧领导人会晤联合声明》（2004年12月8日，海牙），https：//www.fmprc.gov.cn/ce/cebe/chn/zozyzcwj/celdr/t541015.htm。

② 《第八次中欧领导人会晤联合声明》（2005年9月5日，北京），https：//www.fmprc.gov.cn/ce/cebe/chn/zozyzcwj/celdr/t541016.htm。

③ 《第九次中欧领导人会晤联合声明》（2006年9月9日，赫尔辛基），https：//www.fmprc.gov.cn/ce/cebe/chn/zozyzcwj/celdr/t541017.htm。

《中欧联合新闻公报》，其中没有提及涉海事务。[①]

三　欧盟其他文件对涉华海洋事务的处理

2003年，欧盟委员会在《与东南亚的新伙伴关系》通讯中指出，“欧盟在与东南亚的海上和空中交通方面具有明显的利益。东南亚的海上安全与本地区以及包括欧盟在内的贸易伙伴的经济繁荣直接相关”[②]。该文件并没有明确提及南海，但南海是重要的国际贸易通道，从海上安全的角度并将其与经贸繁荣联系起来是域外行为体涉足南海问题的惯常路径，至今也仍然是欧盟涉入南海问题的常规路径。这是目前可查阅到的欧盟首次在与第三方的正式文件中涉及南海相关问题。

四　小结

1995年是中欧建交20周年，也是欧盟对华关系的新起点，同时也可以说是欧盟对华海洋政策的新起点，

① 相关内容可参见《中欧联合新闻公报》（2004年5月6日），https://www.fmprc.gov.cn/ce/cebe/chn/zozyzcwj/celdr/t541011.htm。

② Communication from the Commission of the European Communities, *A new partnership with South East Asia*, 09.07.2003, COM (2003) 399/4, p.21.

它首次对涉华海洋事务（南海问题）发表了自己的见解。这一时期，欧盟对华政策性文件、中欧领导人年度会晤联合新闻公报或联合声明中以及欧盟对东盟政策性文件中涉海事务只有两个议题，即海上运输和南海问题。其中，海运议题是欧盟的核心诉求，南海问题主要放置在中欧经贸关系的背景下考虑，强调欧盟支持南海问题通过谈判和平解决。这一时期，在对东盟的政策性文件中，欧盟也从海上安全的角度间接谈到了南海问题，并将其与国际贸易发展联系起来，这也是迄今欧盟在同第三方提及涉华南海问题的惯常路径。

第三章　新阶段：欧盟文件与中欧文件对涉华海洋事务的处理

2007 年 10 月，欧盟发布《欧盟的综合海洋政策》。该文件标志着欧盟开始海洋战略转型，从致力于联盟内海洋事务转向积极介入域外海洋事务，它的目光也慢慢投向了东亚海洋事务。[①] 欧盟涉海政策与实践进入新阶段。

不过，同年 12 月出台的欧盟第一份《东亚外交与安全政策指南》并没有谈及海洋事务。[②] 它实质性介入涉华海洋事务主要是 2012 年以后的事情。当年，欧盟和亚洲之间开展了一系列活动，如高级别会议、互访和领导人峰会等，包括在老挝举行的第九届亚欧峰

① 欧盟所指东亚包括东北亚和东南亚。

② Council of the European Union, "Guidelines on the EU's Foreign and Security Policy in East Asia", December 20, 2007.

会和欧盟签署《东南亚友好合作条约》，因而欧盟将2012年界定为“亚洲年”。[①]“同样在这一年，欧盟对东亚海洋事务单独或与他国联合密集表态，前所未有，或可认为该年是它介入或试图介入东亚海洋事务（特别是南海）元年。”[②]

2012年到2016年7月，可以说是欧盟对华海洋政策与实践的强势阶段。这一阶段的主要特点是，欧盟在各种场合不顾中国的反对密集谈及东海、南海问题（特别是南海问题），有意或无意配合其他国家推动上述问题的国际化、多边化和司法化，相关声明与表态多把中国视为东海、南海问题的挑战性存在。2016年7月菲律宾新总统杜特尔特上台以后，中菲关系全面回暖，南海形势转圜。随着南海局势发生变化，经过近五年的相对强势的介入之后，欧盟对华海洋政策与实践也出现明显调整。

当然，在这一特殊时期，欧盟对华海洋政策与实践受到多种因素，特别是美国以及南海、东海地区形势的较大影响。[③]

---

① European Union, “The EU in the Asia: Facts and Figures Concerning the EU's Engagement in Asia-Pacific”, November 2, 2013, http://eeas.europa.eu/asia/docs/2012_eu_in_asia_year_facts_figures_en.pdf.

② 刘衡：《介入域外海洋事务：欧盟海洋战略转型》，载《世界经济与政治》2015年第10期。

③ 上述因素彼此之间互相影响，互相加强。

一　欧盟文件对涉华海洋事务的处理

此种处理表现在三个方面：一是欧盟海洋政策的一般性立场或主张；二是具体就涉华海洋事务（钓鱼岛事态、东海防空识别区、岛礁建设和南海仲裁案）发表专门声明；三是就对华海洋事务作一般性表态。

（一）欧盟海洋政策的一般性立场或主张

从2012年以来欧盟关于海洋争端解决，尤其是南海、东海相关争端解决的一般性立场或主张来看，欧盟一段时间内似乎很有“进取心”。但2016年以后欧盟的立场有一个明显的回调或者说恢复到常态。

1.《**欧盟综合海洋政策的国际拓展**》（2009**年**）

该文件是欧盟介入域外海洋事务的基本政策性文件。在该文件中，欧盟将加拿大、挪威、日本、美国、巴西、印度和中国（排名最后）七个国家列为欧盟在海洋事务方面的核心国家伙伴。[①]

2.《**东亚外交与安全政策指南**》（2012**年**）

2012年6月，欧盟出台了第二份《东亚外交与安

---

① Communication from the Commission, *Developing the International Dimension of the Integrated Maritime Policy of the European Union*, 15. 10. 2009, COM（2009）536 final, p. 10.

全政策指南》。该“政策指南”在2007年首份“政策指南”的基础上，新增了有关南海的内容，首次系统地阐述了欧盟对南海问题的态度：第一，欧盟及其成员国对南海各方权利主张不持立场；第二，呼吁各方在国际法（尤其是《公约》）基础上，通过和平与合作的方案解决争端；第三，鼓励东盟和中国推进“南海行为准则（CoC）”；第四，愿与各方分享欧盟及其成员国在这方面的经验。[①]

欧盟首先一般性指出，“东亚的安全稳定是本地区经济持续成功的前提条件。在南海，本地区多个国家提出了相互冲突的权利主张。最近南海的紧张升级，如果不加克制，可能对穿过这片广阔水域的航行和商业带来（负面）影响，包括对欧盟的贸易和投资利益带来（负面）影响”[②]。“南海问题是一个涉及本地区竞争性民族主义可能影响的例子……本地区的战略平衡正在改变。尽管本地区的经济相互依存不断提高，这种地缘政治变动的不确定性，加上历史和领土争端尚未解决，有可能造成严重的紧张局势。不断增长的

① 参见 Council of the European Union, “Guidelines on the EU's Foreign and Security Policy in East Asia”, 11492/12, Brussels, June 15, 2012, http://eeas.europa.eu/asia/docs/guidelines_eu_foreign_sec_pol_east_asia_en.pdf。

② Council of the European Union, “Guidelines on the EU's Foreign and Security Policy in East Asia”, June 15, 2012, 11492/12, p. 5, para. 4.

能源需求和能源安全需要以及更广泛的资源竞争，都能使紧张局势更加复杂。”①

在新增的“南海”专题项下，欧盟着重指出：

31. 最近不断升级的南海紧张形势源于多个沿海国提出的相互冲突的权利主张，（紧张形势）能够对地区的安全和稳定带来（负面）影响，包括更广泛地对航行自由和商业自由带来（负面）影响。

32. 欧盟及其成员国尽管对这些冲突的权利主张不持立场，无论如何，应该：

——谨记南海对欧盟非常重要（除其他外，从促进以规则为基的国际体系、航行自由原则、紧张的风险可对持续增长的贸易和投资产生影响、对一切带来负面后果、能源安全等方面）；

——继续鼓励相关当事方通过和平与合作的方式依据国际法（特别是《公约》）解决争端，鼓励所有当事方澄清各自权利主张的依据；

——谨记在地区层面此前已经开启的合作性外交进程，鼓励东盟和中国在此基础上继续努力，就《南海行为准则》达成一致。

——如果受到相关当事方的欢迎，欧盟及其

① Council of the European Union, *Guidelines on the EU's Foreign and Security Policy in East Asia*, June 15, 2012, 11492/12, p. 5, para. 4.

> 成员国可以在基于国际法协商解决海洋争端、在共享主权或者搁置争议的情形下资源的可持续管理和海上安全合作等方面分享经验。[①]

应当承认，欧盟对南海的上述态度是基本中立和平衡的，至少是南海问题各当事方都可以接受的，比如希望与各当事国分享“基于国际法协商解决海洋争端”，这与中国的立场非常接近。有意思的是，在谈及资源的可持续管理和海上安全合作时，除了各方谈论较多的搁置争议、共同开发以外，欧盟还基于自身经验提出了“共享主权”的路径。

3. **《欧盟海洋安全战略行动计划》**（2014 **年**）

该文件专门讨论了海洋争端解决和区域海洋安全的维护问题，其中并没有明确提及南海或东海。但是考虑到南海仲裁案[②]的背景和“南海行为准则”的具

---

① Council of the European Union, *Guidelines on the EU's Foreign and Security Policy in East Asia*, June 15, 2012, 11492/12, pp. 19 – 20, paras. 31 – 32.

② 2013 年 1 月 22 日，菲律宾单方将其与中国在南海的部分争议诉诸《公约》附件七仲裁，简称“南海仲裁案”。中国认为菲提起南海仲裁案的行为是“政治挑衅”，从一开始就坚持不参与、不接受仲裁的立场。2015 年 10 月 29 日，仲裁庭就管辖权和可受理性问题做出裁决。2016 年 7 月 12 日，仲裁庭就实体问题和剩余管辖权及可受理性问题做出裁决。中国声明对裁决采取“不承认”立场［具体案件信息可参见常设仲裁法院（PCA）网站 http：//www. pca – cpa. org/showpage65f2. html? pag_ id = 1529］。

体进展，相关内容有为南海量身打造的嫌疑，而且表现出明显的倾向性。具体内容如下：

> 1.6. 在欧盟与第三国、区域组织的政治对话中推动《联合国海洋法公约》规定的争端解决机制，包括国际海洋法法庭（的适用）。
>
> 1.6.1. 在欧盟与第三国、区域组织的政治对话过程中，促进和平解决海洋争端的概念，推动《公约》规定的争端解决机制，包括国际海洋法法庭和国际法院的适用，推动全面执行依据或者参照《公约》规定建立的法院或法庭做出的任何有拘束力的决定。
>
> ……
>
> 1.6.3. 支持基于相关国际法规定制定地区行为准则，如《吉布提行为准则》《雅温得行为准则》。①

4.《欧盟外交和安全政策的全球战略》（2016年）

2016年6月，欧盟出台《欧盟外交和安全政策的全球战略：分享愿景、共同行动：更强大的欧洲》，谈到了欧盟关于主权、独立和领土完整、和平解决争端，特别是对东亚和东南亚的海洋问题的理解。

---

① Council of the European Union, *EU Maritime Security Strategy Action Plan*, December 16, 2014, p. 7, para. 1.6.

它表示："国家主权、独立和领土完整，边界不可侵犯与和平解决争端是欧洲安全秩序的关键要素。这些原则适用于所有国家，无论是欧盟国家还是非欧盟国家。"[①] "在东亚和东南亚，我们将支持航行自由，坚持尊重包括海洋法及其仲裁程序在内的国际法，鼓励和平解决海洋争端。"[②] "确保海洋开放，保护海上贸易关键航线和自然资源获取航线。欧盟将基于其在印度洋和地中海的经验，探索在几内亚湾、南海和马六甲海峡为全球海上安全做出贡献的可能性。欧盟是一个全球海上安全提供者，将寻求推动《联合国海洋法公约》（包括其争端解决机制）的普遍接受及其执行。我们还将努力填补法律空白、增长海洋知识、提高海洋意识，以促进海洋资源和生物多样性的保全和可持续利用，促进蓝色经济增长。"[③]

对中国来说，欧盟的上述态度传递了复杂的信息。有些表述，例如国家主权、独立和领土完整，边界不可侵犯与和平解决争端适用于所有国家是与中国立场一致的。但是，突出"仲裁程序"及其"执行"又明显是说给中国听的。

---

① "A Global Strategy for the European Union's Foreign and Security Policy: 'Shared Vision, Common Action: A Stronger Europe'", June 2016, p. 33.

② Ibid., p. 38.

③ Ibid., p. 41.

5.《国际海洋治理：海洋的未来议程》(2016年)

2016年11月，欧盟委员会、欧盟外交事务和安全政策高级代表发表联合通讯《国际海洋治理：海洋的未来议程》，关注重点从海洋争端解决转向海洋安全，并表达了积极的合作意向，特别是提出“海洋伙伴关系”。

该通讯指出“企图通过恐吓、胁迫或武力在《联合国海洋法公约》框架外提出领土或海洋权利主张，不仅可能影响地区稳定，而且影响全球经济。意识到在海洋领域的非法活动是影响（海洋）可持续、以规则为基的治理的关键因素”①。这可能含有影射中国在南海的作为之意。随后，通讯提出新的海洋合作领域，“基于在西印度洋打击海盗，在地中海、黑海和波罗的海打击走私和非法交易的经验，欧盟依然是全球海上安全的积极贡献者，正在探索在几内亚湾、南海和马六甲海峡（为海上安全做出贡献的可能性）。”②

通讯还指出，“委员会就海洋事务和渔业与主要海洋大国展开双边对话，包括澳大利亚、加拿大、中国、日本、新西兰和美国。委员会有意在下一个五年内

---

① European Commission and High Representative of the Union for Foreign Affairs and Security Policy, Joint Communication, *International Ocean Governance*: *An Agenda for the Future of Our Oceans*, 10. 11. 2016, JOIN (2016) 49 final, p. 2.

② Ibid. , p. 5.

（将与这些国家的关系）逐步深化为‘海洋伙伴关系’”[①]。时隔七年之后，欧盟再次列出了它的海洋伙伴国家清单，数目由七个减为六个，挪威、巴西和印度已不在清单上，澳大利亚和新西兰新进入清单，中国仍在清单上。不过这次清单以国家英文首字母排序，无法知悉欧盟对这些伙伴国家的排位情况。

（二）对华海洋事务的专门声明

在这一阶段，欧盟不仅首次就涉华海洋事务发表专门声明，而且史无前例地连续发表了四份专门声明，两份针对东海问题（钓鱼岛事态、东海防空识别区），两份针对南海问题（岛礁建设、南海仲裁案）。

1. **《关于东亚海域新近发展的声明》（2012 年）**

2012 年，因日本所谓的钓鱼岛“国有化”行为引发中日有关钓鱼岛事态急剧升温。9 月 25 日，中国发表《钓鱼岛是中国的固有领土》白皮书。[②] 同日，欧盟外交事务和安全政策高级代表阿什顿代表欧盟发表《关于东亚海域新近发展的声明》，指出：

---

① European Commission and High Representative of the Union for Foreign Affairs and Security Policy, Joint Communication, *International Ocean Governance: An Agenda for the Future of Our Oceans*, 10. 11. 2016, JOIN (2016) 49 final, p. 7.

② 该白皮书中文、日文和英文同时发布，均可在国务院新闻办公室网站获得，http://www.scio.gov.cn/zfbps/ndhf/2012/index.htm。

> 欧盟在本地区存在重要利益（significant interests），关注东亚海域的事态发展。欧盟敦促各方依据国际法（特别是《公约》）寻求和平与合作的解决方案，澄清各自权利主张的依据。欧盟呼吁各方采取行动使形势平静下来。①

由于中欧之间有六个小时的时差。欧盟的声明在中国钓鱼岛白皮书之后发表，表面上措辞不偏不倚，但在这个时点发表声明这一行为本身不是一种令中国感到舒心或放心的做法。此外，如果说欧盟在南海存在“重要利益”的话，还是可以理解的，但它要说在东海也存在“重要利益”，无论如何是值得怀疑的。这或许也是它在声明标题中使用“东亚海域”而非“东海”的原因。

2. **《关于中国划设东海防空识别区的声明》**（2013 **年**）

2013 年 11 月 23 日，中国政府宣布划设东海防空识别区，以捍卫国家主权和领土领空安全、维护空中飞行秩序。五天后，欧盟外交事务和安全政策高级代表阿什顿代表欧盟发表《关于中国划设东海防空识别区的声明》。声明称：

---

① European Union, *Declaration by the High Representative Catherine Ashton, on behalf of the European Union on recent developments in East Asia's maritime areas*, September 25, 2012, 14198/12.

> 欧盟获悉中国有关建立“东海防空识别区”的决定以及中国国防部有关在不遵守识别区规定时将采取“紧急防空措施”的声明，对此表示关注。这一做法提高了局势升级的风险，加剧了地区紧张。欧盟呼吁各方保持谨慎和克制。
>
> 欧盟在本地区具有重要利益（significant interests），密切关注这些事态的发展。对海洋和空间的正当利用是国际法授予的权利，是安全、稳定和繁荣所必需。有碍或可能有碍这些权利的做法对存在于东亚海域的分歧寻求持续的解决方案都不具有建设性。欧盟呼吁各方采取措施使局势平静下来，加强信任措施的建设，开展外交接触，依据国际法寻求和平、合作的解决方案，建设性降低紧张，解决分歧。①

与 2012 年有关钓鱼岛事态的声明不同，该声明反对中国建立“东海防空识别区”的倾向明显，而且再次提及“在本地区具有重要利益”。当然，欧盟可以解释，该声明第二段针对的是“东亚海域”而非限于东海。

---

① European Union, *Declaration by the High Representative Catherine Ashton on behalf of the European Union on the establishment by China of an "East China Sea Air Defence Identification Zone"*, November 28, 2013, 17082/1/13 REV 1.

3.《关于南海事态新近发展的声明》（2016年3月）

经过近三年的推进，特别是2015年10月29日《管辖权和可受理性问题裁决》出台以后，菲律宾单方面提起的南海仲裁案在2016年进入出台实体裁决的窗口时间，以美国为首的部分西方国家企图迫使中国接受不利后果的行动进一步加码，对中国南海岛礁建设的炒作也达到一个高潮。

南海仲裁案提起后一直没有公开发声的欧盟也于2016年3月11日就南海的事态发表了第一个专门声明。该声明在重申其一贯立场的同时增加了仲裁元素，特别针对据传中国在南海岛礁上部署导弹的行为提出了关切。声明表示：

> 欧盟致力于依据国际法原则，特别是反映在《联合国海洋法公约》（UNCLOS）中的国际法原则，维护海洋法律秩序，包括维护海上安全、海洋安全、合作、航行和飞越自由。
>
> 欧盟对在南海的陆地领土和海洋空间声索不持立场，敦促各声索方澄清权利主张的基础，依据包括《公约》及其仲裁程序在内的国际法通过和平方式解决争端。
>
> 欧盟关注在南海岛礁上部署导弹的情况，在争议海洋地物上暂时或永久部署军事力量或军事

装备影响地区和平、危及航行和飞越自由是我们的主要关切。因此，欧盟呼吁各方避免地区军事化，避免使用或威胁使用武力，克制采取单方面行动。

欧盟鼓励进一步采取措施建立信心，寻求建立地区信任与安全。欧盟完全支持由东盟领导的地区进程，希望有关“（南海）行为准则”的对话尽快达成一致，该“行为准则”有望进一步支持一个以规则为基的地区与国际秩序。这方面，欧盟重申愿意分享维护海洋安全的最佳实践。[①]

4. **《关于菲律宾和中国仲裁裁决的声明》**（2016 年 7 月）

2016 年 7 月 12 日，南海仲裁案仲裁庭就剩余管辖权及其可受理性问题、实体问题做出裁决。该裁决在事实认定和法律适用方面都存在重大错误。[②] 形势已经变得很清楚，裁决出台前以美国为首的国家或国家集团给中国施加的压力在法律上是站不住脚的。在这种情况下，欧盟对南海问题的表态出现了回调或者说慢

---

① Council of the EU, *Declaration by the High Representative on behalf of the EU on Recent Developments in the South China Sea*, 11/03/2016, 126/16, http://www.consilium.europa.eu/en/press/press-releases/2016/03/11-hr-declaration-on-bealf-of-eu-recent-developments-south-china-sea/.

② 有关仲裁裁决的错误，请参见中国国际法学会《南海仲裁案裁决之批判》，外文出版社 2018 年版。

慢恢复常态。

与美国、日本等当日就针对裁决发布声明不同，欧盟于7月15日才发布《关于菲律宾和中国仲裁裁决的声明》。该声明共七段，在前六段中，除涉及仲裁的内容外，都是欧盟立场的重申，最后一大段则在描绘中欧海洋合作的未来图景。声明全文如下：

> 欧盟及其成员国是《联合国海洋法公约》缔约方，致力于依据国际法原则、《联合国海洋法公约》维护海洋法律秩序，致力于争端的和平解决，承认（acknowledge）仲裁庭做出的该裁决。
>
> 欧盟对各项仲裁请求所涉主权问题不持立场。欧盟表示争端各方需通过和平方式解决争端，澄清各自的权利主张，尊重并依据国际法（包括在《联合国海洋法公约》框架下开展的工作）维护自身权利。
>
> 欧盟忆及《联合国海洋法公约》规定的争端解决机制有助于维护和发展以法治为基石的国际秩序，对解决争端很重要。
>
> 欧盟还强调《联合国海洋法公约》规定的自由、权利和义务的根本重要性，特别是航行和飞越自由。
>
> 欧盟支持东盟和中国尽快完成就落实2002年

《南海各方行为宣言》制定一份有效“行为准则”的对话。

忆及2016年3月11日所作声明（statement），欧盟呼吁相关各方通过谈判和其他和平方法解决剩下的问题和进一步的相关问题，克制采取可能加剧紧张的行为。作为东盟地区论坛（ARF）成员和《东南亚友好合作条约》缔约方，欧盟还希望“促进合作以推动地区和平、和谐与稳定事业”。欧盟随时准备为促进相关各方建立信任提供帮助。

欧盟及其成员国将继续就海上安全合作问题组织高水平对话，分享联合管理和共享资源开发方面的最佳实践，比如渔业和能力建设措施，同时强调所有国家共同保护因密集的海上交通和海洋疏浚而受到威胁的海洋生态系统的重要性。①

普遍认为，欧盟拖延三天才对裁决发表声明以及使用语气比较缓和的“acknowledge”一词都表明，欧盟在南海仲裁问题上对中国表现出温和的态度。而且，在一个针对仲裁裁决发布的专门声明中，欧盟花较大段落谈及在涉海事务上未来与中国可能的合作事项，

① Council of the EU, *Declaration by the High Representative on behalf of the EU on the award rendered in the Arbitration between the Republic of the Philippines and the People's Republic of China*, 15/07/2016, 442/16.

如海洋综合管理、海洋资源开发和海洋生态保护等，明显透露出着眼未来的信息。

（三）对华海洋事务的一般性表态

比较巧合的是，2007 年启动海洋战略转型以后，欧盟有近十年时间没有出台对华政策性文件，直到《欧盟对华新战略要素》通讯的发布。涉海方面，这些年是在有关南海和东海形势的喧嚣中度过的，欧盟对此也有了一些新的考虑。

1.《欧盟对华新战略要素》（2016 年）

2016 年 6 月 22 日，欧盟委员会、欧盟外交事务和安全政策高级代表发表联合通讯《欧盟对华新战略要素》，“旨在为未来 5 年欧盟与中国的接触制定政策框架”①。其中，涉及东海、南海问题的内容如下：

> 欧盟应持续通过外交和经济手段为亚太的地区安全做出积极贡献，同时进一步发展欧盟与该地区的伙伴关系。欧盟对东海和南海的形势保持关注，应继续强调和平解决争端的重要性，反对可能改变现状和加剧紧张的单方行动。欧盟坚持

① European Commission and High Representative of the Union for Foreign Affairs and Security Policy, Joint Communication, *Elements for a new EU strategy on China*, 22. 06. 2016, JOIN （2016） 30 final. p. 1.

> 认为中国和其他南海声索方都应依据国际法提出自己的权利主张。大量的国际海上贸易通过这一海域意味着航行和飞越自由对欧盟至关重要。欧盟应鼓励中国采取措施建立信任，支持以规则为基的国际秩序，特别是尊重《联合国海洋法公约》及其仲裁程序，尽快完成东盟和中国之间的“行为准则”谈判，对地区稳定做出积极贡献。[①]

此外，欧盟还提出“希望继续保持东海和南海的航行和飞越自由，应在法治基础上和平解决争端，避免单方挑衅”[②]。“非洲为中欧在海洋和陆地的安全合作提供了最佳机会。在非洲之角打击海盗的合作应予继续。”[③]

上述对华涉海新战略要素的出台在南海仲裁案七月裁决出来之前不到一个月。要素文件在给中国施加压力的同时表达了欧盟希望南海形势回归常态的想法，对华长远是有利的。与此同时，欧盟还指出了中欧海洋合作的一个新方向，即非洲的海上安全。这种新合作方向的信心来自双方在非洲之角（亚丁湾索马里海域）合作打击海盗的成功经验。

---

① European Commission and High Representative of the Union for Foreign Affairs and Security Policy, Joint Communication, *Elements for a new EU strategy on China*, 22. 06. 2016, JOIN（2016）30 final, p. 11.

② Ibid. , p. 12.

③ Ibid. , p. 13.

2.《欧盟对华战略的理事会总结》（2016 **年**）

时隔不到一个月，欧盟理事会于 2016 年 7 月 18 日发表《欧盟对华战略的理事会总结》。在该总结的涉海部分（第 16 段），完全照搬了欧盟 7 月 15 日对南海仲裁案七月裁决声明的前 6 段内容。[①] 从而将对仲裁庭七月裁决的表态上升或者说转化为欧盟对华海洋事务的一般立场。与前一段时间（2012—2016 年）的积极进取相比，在争端解决方面，欧盟已不再强调第三方争端解决机制（特别是附件七仲裁）的重要性和突出地位，回归到“和平”解决争端的正常表态。

3.“中国—欧盟关系的常见问题”（2017 **年**）

2017 年 6 月 1 日，在欧盟委员会公布的“中国—欧盟关系的常见问题”中，“确保东海和南海的航行和飞越自由；依据国际法治和平解决争端”与“欧盟将继续鼓励中国调动外交资源和其他资源支持国际安全，包括参与朝鲜、阿富汗和叙利亚相关事务；依据国际法为欧盟邻国的和平与安全做出贡献；……就裁军、不扩散、反恐和网络空间事务需求与中国的共识；与中国共同支持非洲大陆的能力建设和维和行动”一起是“欧盟旨在就外交和安全问题与中国加强沟通”的几大具体领域或事宜。而外交与安全政策是中欧双

① Council of the EU, Council conclusions EU Strategy on China, 18 July 2016, 11252/16, pp. 6 - 7, para. 16.

边关系的“重点”。①

关于“对东海、南海问题怎么看?”欧盟表示：

> 持续关注东海和南海的现状。由于大量国际贸易经由这些水域，欧盟对持续享有航行自由和飞越自由具有强烈和正当的利益（a strong and legitimate interest）。按照过去的声明，欧盟将继续强调争端的和平解决，坚持中国和所有其他相关国家都遵守国际法的立场。②

这算是经过特殊时期以后对华海洋政策回归正常，欧盟对东海和南海问题基本立场的简版，主要有三点：第一，关注东海和南海形势及其发展；第二，关切该地区的航行自由和飞越自由；第三，重视依据国际法和平解决争端。同时，简短的几句话也解释了此前欧盟一再提及在东亚海域存在的“重要利益”，是因为“大量国际贸易经由这些水域”。说是“这些水域”，实际主要是南海。可见，欧盟涉入东海、南海问题仍然经由的是域外行为体涉足南海问题的惯常路径。

---

① European Commission, *Frequently Asked Questions on EU-China relations*, June 1, 2017.

② Ibid. .

二　中欧领导人会晤文件对海洋事务的处理

2007—2018 年，中欧领导人举行了 11 次会晤并发表联合新闻公报或联合声明或成果清单以及《中欧合作 2020 战略规划》。除 2007 年、2008 年和 2009 年连续三年以及 2016 年没有涉及海洋事务，其他文件中都有内容涉及。总体上，在海洋事务方面，各文件的基调是强调合作，这包括两个方面：一是加强双边海洋合作；二是在国际和平与安全框架下加强相关涉海合作。

（一）加强双边海洋合作

2010 年《第十三次中欧领导人会晤联合新闻公报》宣布“双方签署了关于海洋事务和 2011 年青年交流年的合作协定”①。

2012 年《第十五次会晤联合新闻公报》宣布双方将：

> 同意根据中欧关于在海洋综合管理方面建立高层对话机制的谅解备忘录，继续加强海洋政策

① 《第十三次中欧领导人会晤联合新闻公报》（2010 年 10 月 6 日），http://www.fmprc.gov.cn/ce/cebe/chn/zozyzcwj/celdr/t942342.htm。

> 方面的合作。为此，首届海洋综合管理高层对话将于下次中欧领导人会晤前举行，此方面对话与合作主要涉及双方共同关心的领域，如海洋空间规划、海事知识、海洋能源以及海洋卫星数据应用与交换等[①]

并“认识到北极地区的日益重要性，尤其是在气候变化、科学研究、环境保护、可持续发展、海洋运输等相关方面，同意就北极事务交换意见”[②]。

2013 年第十六次会晤发表《中欧合作 2020 战略规划》，表示中欧将“加强在海洋综合管理、海洋空间规划、海洋知识、海洋观测与监测、海洋科技研发、海洋经济发展、海洋能源利用方面的交流与合作”。“开展联合行动，提升海事安全，加强相关国际法专业知识共享，加强包括联合研究项目在内的北极事务交流”[③]。

2015 年第十七次会晤发表联合声明《中欧 40 年合作后的前进之路》。该声明指出：

① 《第十五次中欧领导人会晤联合新闻公报》（2012 年 9 月 20 日），http：//www. fmprc. gov. cn/ce/cebe/chn/zozyzcwj/celdr/t971909. htm。

② 同上。

③ 《中欧合作 2020 战略规划》（2013 年 11 月 23 日），http：//www. fmprc. gov. cn/ce/cebe/chn/zozyzcwj/celdr/t1101803. htm。

> 双方对彼此重大倡议，即中方“丝绸之路经济带”和“21世纪海上丝绸之路”（简称“一带一路”）倡议，以及欧洲投资计划抱有浓厚兴趣。双方领导人决定，支持“一带一路”倡议与欧洲投资计划进行对接，指示今年9月举行的中欧经贸高层对话探讨互利合作的具体方式，包括通过建立中欧共同投资基金。①

2017年《第十九次中国—欧盟领导人会晤成果清单》列出了“双方将共同办好2017年‘中国—欧盟蓝色年’，同意共同努力构建‘中欧蓝色伙伴关系’，聚焦海洋管理等主要合作领域。”②

2018年《第二十次中国欧盟领导人会晤联合声明》史无前例地四处提及涉海事务，中欧海洋合作到一个新的起点。联合声明中涉双边海洋合作的内容如下：

> 5. 中国、欧盟及欧盟成员国是《联合国海洋法公约》的缔约方，尊重以国际法为基础的海上

① 《第十七次中国—欧盟领导人会晤联合声明——中欧40年合作后的前进之路》（2015年6月29日），http：//www. fmprc. gov. cn/ce/cebe/chn/zozyzcwj/celdr/t1277309. htm。

② 《第十九次中国—欧盟领导人会晤成果清单》（2017年6月4日），http：//www. fmprc. gov. cn/ce/cebe/chn/zozyzcwj/celdr/t1467598. htm。

> 秩序。欧盟欢迎中国和东盟国家为达成有效的“南海行为准则”（CoC）进行的磋商。双方呼吁有关各方开展对话，和平解决争端，避免可能加剧紧张的行为。
>
> 10. 双方将继续推动中国“一带一路”倡议与欧盟倡议对接，包括欧洲投资计划以及扩大的泛欧运输网络，并通过兼容的海陆空运输、能源和数字网络促进“硬联通”和“软联通”。
>
> 33. 双方对2017年“中欧蓝色年”的成功举办表示满意，并同意在海洋领域建立蓝色伙伴关系，以加强海洋治理、渔业可持续发展和海洋经济发展合作。双方重申将致力于打击非法、不报告和不受管制（IUU）地捕鱼，并对开展海洋法和极地事务对话表达兴趣。①

上述内容包括南海问题、反海盗护航合作、“21世纪海上丝绸之路”建设、海洋治理、极地事务等。其中，双方同意“在海洋领域建设蓝色伙伴关系”，将双边海洋合作关系纳入并充实中欧全面战略伙伴关系。此外，其他事务在此前的不同联合声明中或多或少都有所提及，南海问题则是首次在联合声明中提

① 《第二十次中国—欧盟领导人会晤联合声明》（2018年7月18日），https：//www. fmprc. gov. cn/ce/cebe/chn/zozyzcwj/celdr/t1578374. htm。

及，这表明中欧双方就南海问题已达成了一定的共识。

此外，中国于2014年4月发布第二份对欧盟政策文件《深化互利共赢的中欧全面战略伙伴关系——中国对欧盟政策文件》，“目的是在总结过去十年中欧关系发展成就的基础上，结合国内外形势发展，昭示新时期对欧盟政策目标，规划今后五到十年合作蓝图，推动中欧关系实现更大发展”①。该文件第八部分谈及海洋领域合作，指出“充分发挥中国—欧盟海洋综合管理高层对话机制作用，开展海洋事务高级别对话，推动双方在共同感兴趣的领域的合作，积极开展在海洋综合管理、海洋环保、海洋科技、蓝色经济、海上执法、北极事务等领域的合作”②。注意到，中国为中欧海洋合作勾画的蓝图与欧盟2016年7月在《关于菲律宾和中国仲裁裁决的声明》中为双方海洋合作勾画的蓝图有异曲同工之处。

（二）在国际和平与安全框架下加强相关涉海合作

2010年（第十三次领导人会晤），“双方领导人讨论了共同关心的国际与地区问题。双方认为在亚丁湾

① 《深化互利共赢的中欧全面战略伙伴关系——中国对欧盟政策文件》（2014年4月2日），https：//www. fmprc. gov. cn/ce/cebe/chn/zozyzcwj/domzc/t1143397. htm。

② 同上。

就打击海盗开展合作是积极步骤，并同意探讨进一步合作的领域”[①]。2011 年（第十四次领导人会晤），“双方领导人就伊朗、北非、叙利亚、中东、朝鲜半岛、缅甸等共同关心的国际和地区问题交换了看法，表示愿加强对话与合作，促进全球及各自地区的和平与安全，例如打击海盗和防扩散问题”[②]。2012 年（第十五次领导人会晤），双方领导人“一致认为中欧应加强合作，促进和平与安全……双方肯定并强调在危机管理、反海盗护航、海上安全等领域继续开展良好合作”[③]。2013 年（第十六次领导人会晤），双方表示将“继续开展海上安全和反海盗合作，开展反海盗联合演练”[④]。2015 年（第十七次领导人会晤），“双方同意，在成功举行亚丁湾反海盗联合演练的基础上，进一步加强防务安全领域合作……包括支持非洲和平与安全”[⑤]。2018 年（第二十次领导人会晤），双方表示

① 《第十三次中欧领导人会晤联合新闻公报》（2010 年 10 月 6 日），http：//www. fmprc. gov. cn/ce/cebe/chn/zozyzcwj/celdr/t942342. htm。

② 《第十四次中欧领导人会晤联合新闻公报》（2012 年 2 月 14 日），http：//www. fmprc. gov. cn/ce/cebe/chn/zozyzcwj/celdr/t942344. htm。

③ 《第十五次中欧领导人会晤联合新闻公报》（2012 年 9 月 20 日），http：//www. fmprc. gov. cn/ce/cebe/chn/zozyzcwj/celdr/t971909. htm。

④ 《中欧合作 2020 战略规划》（2013 年 11 月 23 日），http：//www. fmprc. gov. cn/ce/cebe/chn/zozyzcwj/celdr/t1101803. htm。

⑤ 《第十七次中国—欧盟领导人会晤联合声明——中欧 40 年合作后的前进之路》（2015 年 6 月 29 日），http：//www. fmprc. gov. cn/ce/cebe/chn/zozyzcwj/celdr/t1277309. htm。

“中国和欧盟将就安全和防务政策保持高层交往……保持反海盗护航、国际维和等领域的合作势头”。

此外，双方于2014年3月发表《关于深化互利共赢的中欧全面战略伙伴关系的联合声明》。该声明指出：

> 双方对2014年3月20日在亚丁湾海域举行的中欧反海盗护航联合演练表示欢迎。此举表明中国海军以及欧盟阿塔兰塔行动为加强海事安全和打击海盗所作的共同努力取得成功。欧方对中方愿为世界粮食计划署运送索马里食品援助的船只增加护航频率表示欢迎。双方同意就此加强合作，为非洲大陆国家带来福祉。①

可见，双方都对在国际和平与安全框架下加强双方在第三方的涉海合作抱有较高的热情，或为全球海上安全做出贡献，这也符合加强全球海洋治理的时代潮流。

三　小结

自2012年以来，特别是2013年菲律宾提起南海

---

① 《关于深化互利共赢的中欧全面战略伙伴关系的联合声明》（2014年3月31日），http：//www.fmprc. gov. cn/ce/cebe/chn/zozyzcwj/celdr/t1142797. htm。

仲裁案之后，涉华东海、南海问题一下变成欧盟的一个主要关切。它不仅在相关涉海文件中频频提及涉华海洋议题，而且还就钓鱼岛事态、中国划设东海防空识别区、岛礁建设和南海仲裁案连续发表了四份专门声明。这在欧盟对华关系中是从未有过的情况。在这些单独发表的专门声明中，欧盟多有激进言辞，而且多与美国的相关表态保持一致。相比前面的十多年，这一阶段是欧盟对华海洋政策和实践的非常或特殊时期，也可以说是强势时期。不过，自 2016 年 6—7 月以来，欧盟的态度明显比此前温和多了。

从具体事项看，欧盟 2012 年针对钓鱼岛发表了声明、2013 年针对东海防空识别区发表了声明；2013 年以后总是同时提及东海、南海问题，但相关内容基本只涉及南海，具体针对的是南海仲裁案和中国在南沙部分岛礁的岛礁建设。有关南海仲裁案的内容主要有两点：第一，通过《公约》规定的争端解决法律机制，特别是仲裁解决海洋争端；第二，完全执行相关法院或法庭做出的任何决定。这是直接针对中国政府自始对南海仲裁案“不接受、不参与”的基本立场，以及后来明确表示“不承认”仲裁庭可能做出的任何裁决的立场而做出的，为仲裁案和仲裁庭背书。有关岛礁建设的内容也有两点：第一，大规模填海造陆是改变现状、加剧紧张的单方行为，还涉及威胁使用或使用武力；第二，大规模填海造陆影响航行自由和飞越自由。这些都与美国为首的西方集团保持一致。

与此同时，在中欧双边关系中，海洋合作事宜也似乎前所未有地提上了议事日程。讨论较多的中欧海洋合作包括两个方面：一是就内部海洋事务加强双边合作；二是就涉外海洋事务在国际和平与安全框架下加强涉海合作。但在非常时期，它们都被喧嚣的东海、南海问题所遮盖了。2017 年以来，双方海洋合作意愿明显增强，南海问题、反海盗护航合作、“21 世纪海上丝绸之路”建设、海洋治理、极地事务等都在商讨中；双方同意“在海洋领域建设蓝色伙伴关系”，将双边海洋合作关系纳入并充实中欧全面战略伙伴关系。欧盟对华海洋关系面临新的发展机遇。

第四章　新阶段：欧盟与第三方文件对涉华海洋事务的处理

在对华海洋政策与实践的非常时期，欧盟的另一个表现就是在其与第三方的交往中也密集谈及东海、南海问题（特别是南海问题），主要表现是在欧盟与美国双边文件、欧盟与日本双边文件、欧盟与越南双边文件、欧盟与菲律宾双边文件、欧盟与东盟双边文件、七国集团相关文件以及其他国际场合中，对华海洋事务相关议题成为常设议题，多把中国视为东海、南海问题的挑战性存在。

一　欧盟在与美国双边关系中对东海、南海问题的处理

欧盟介入亚太海洋事务是从 2012 年开始的，其中的步伐就包括 2012 年 7 月 12 日欧盟和美国在柬埔寨

金边发表的《关于亚太地区的联合声明》。"声明"除欢迎东盟在区域发挥主导作用外，还单列中国，表示欢迎中国在亚太地区发挥建设性作用①；在和平与安全方面，"声明"强调依据国际法打击海盗、依据国际法（尤其是《公约》）加强海洋安全；关于南海，双方称一如既往鼓励东盟和中国推进"南海行为准则"，通过和平、外交与合作性方案解决领土和海洋争端。②

2014 年 3 月欧美领导人峰会发表的联合声明中，双方表示"我们正在深化双方在亚太地区的合作，支持维护和平、保持稳定和促进繁荣的努力"。"我们强调支持一个由共享规则与规范支撑、鼓励合作、处理共同关注和有助于和平解决争端的地区架构。"③ 同时还指出：

> 25. 意识到以国际法为基石的海洋机制有利于地区令人印象深刻的经济增长，我们重申对航行自由和合法利用海洋的承诺。我们呼吁各方避免采取改变现状和加剧地区紧张的单方行动。在东

① European Union, "Joint EU-US Statement on the Asia-Pacific Region," July 12, 2012, http://eu - un. europa. eu/articles/en/article _ 12417_ en. htm.

② Ibid. .

③ Council of the European Union, EU-US Summit: Joint statement, March 26, 2014, 8228/14, p. 7.

> 海，我们支持有关加强外交和危机管理过程的呼吁，以避免误判或发生事故。在南海，我们敦促东盟和中国加快（南海）行为准则的制定进程，以取得有意义的进展。我们重申我们的呼吁，即各方都要采取建立信任措施、不通过威胁使用或使用武力的方式，而是依据包括《公约》在内的国际法通过外交方式解决分歧。[①]

这是欧美领导人峰会联合声明首次提及东海、南海问题，也是迄今唯一一次。可以看出，欧盟在与美国的双边关系中处理东海、南海问题还是谨慎的。这或许暗示欧盟对美国在这一特殊时期在亚太地区所扮演的特殊角色是心知肚明的，台前的是菲律宾、日本，台后的是美国。欧盟至少不能在中美之间就这些事项过多表现出选边站队的倾向。

二　欧盟在与日本双边关系中对东海、南海问题的处理

日本与中国在东海存在争端，在南海并无瓜葛。但在南海相关争端上，它基于多种考虑也基本站在中

① Council of the European Union, EU-US Summit: Joint statement, March 26, 2014, 8228/14, p. 8.

国的对立面。欧盟在处理与日本的双边关系时，不可避免地要不时面对东海、南海问题。东海、南海问题真正走进欧盟对日关系议程正是在这一特殊时期（2012—2016 年）。

东海、南海问题首次出现在欧盟与日本双边文件中是 2013 年。在欧盟委员会公布的双方 2013 年 11 月东京第二十一次领导人峰会后发表的联合新闻公报中，有两段专门谈及东海、南海问题：

> 23. 双方领导人认识到东亚安全和欧洲安全密切相关，东亚安全环境中的不确定性正在增加，领导人进一步分享了对当前局势的关切，包括东亚的海上紧张形势，局势如果进一步持续和恶化，可能给地区安全、稳定和繁荣带来负面影响。领导人呼吁所有各方展开外交接触，以解决紧张局势，并希望这些努力取得成功。欧盟认可日本政府在这方面已经采取的举措。领导人同意有必要避免采取任何可能加剧紧张的单方行为，拒绝使用胁迫而寻求以法治原则为基础的和平、外交与合作解决方案，强调相关地区论坛在避免紧张局势和解决分歧方面的重要作用。
>
> 24. 双方领导人强调海洋是属于全世界所有人的全球公域，应是开放、自由和安全的，强调在国

> 际法，包括《联合国海洋法公约》基础上坚持这些原则的重要性。具体就南海而言，忆及2002年《南海各方行动宣言》所载的基本原则，强调依据公认的国际法和平解决地区争端的重要性，注意到各方2013年9月正式启动了“行为准则”磋商，鼓励在准则方面取得更多进展，呼吁各方为加强该地区的和平与稳定寻求持久的解决方案。①

作为南海形势标志性事件的南海仲裁案是在2013年1月提出的。该声明首次提及东海和南海可以说是一种配合行动。有了2013年的先例，2014年和2015年的双边文件沿袭了这一模式。在2014年的声明中还点了中国的名，这是比较少见的。

2014年5月的第二十二次欧盟和日本双方峰会联合新闻公报题为“欧盟和日本为全球和平与繁荣而一起行动”，仍然花了两段篇幅来谈论东海、南海问题，重点是南海，其中指出：

> 29. 意识到东亚安全可带来广泛影响，鉴于安全环境的不确定性日益增加，我们同意有必要继续确保《联合国海洋法公约》所载的公海航行和

① European Commission, 21st Japan-EU Summit Tokyo 19 November 2013 Joint Press Statement, November 19, 2013, MEMO/13/1015, p. 6.

飞越自由，以确保航行安全，避免采取可加剧紧张的行为，包括使用胁迫。我们强调需要通过积极的外交接触并依据国际法原则寻求和平的解决方法，共同努力建立互信。此外，我们也认为，有效的危机管理程序和沟通机制有助于避免任何加剧紧张的意外发生。

30. 我们支持东盟及其在建立强大和有效的亚洲多边安全体系方面的核心作用。为此，欧盟和日本将继续在东盟地区论坛中发挥积极和建设性作用。我们强烈支持东盟和中国为早日达成有效和具有法律约束力的行为准则所做出的努力。认识到欧盟在欧洲大陆区域一体化和促进和平与安全方面的经验，安倍首相欢迎欧盟继续关心且更多参与东亚峰会，并愿意为促进地区和平与安全做出实质贡献，包括通过地区架构更多参与。①

2015 年 5 月的第二十三次峰会联合新闻公报虽然只有一段，但内容聚焦于南海，主题更加突出、言辞更加激烈，例如使用了“谴责”这种很少使用的词汇。这与西方当时在南海向中国施加的强大压力是相

① European Commission, The EU and Japan Acting together for Global Peace and Prosperity, 22nd EU-Japan Summit Joint Press Statement, May 7, 2014, STATEMENT/14/151, p. 11.

匹配的。具体内容如下：

> 10. 意识到地区安全环境的不确定性，我们谴责所有违反国际法、国家主权和领土完整原则的行为。我们强调所有各方需要就海洋权利主张寻求和平、合作的解决方案，包括通过公认的争端解决法律机制加以解决，以充分维护《联合国海洋法公约》所载国际法上的公海航行和飞越自由。航行安全对于和平与可持续发展至关重要。我们敦促所有各方依据国际法澄清其权利主张的依据，避免采取单方行动，包括威胁使用或使用武力、胁迫。我们继续关注东海和南海形势，对任何改变现状和加剧紧张的单方行动表示关切。我们支持全面、有效落实2002年《南海各方行为宣言》，并迅速结束旨在在南海建立有效行为准则的谈判。我们强调建立切实可行的信任措施的建设性作用，例如在危机发生和危机管理机制方面建立直接的沟通联系。①

欧盟和日本的第二十四次领导人峰会迟至2017年7月才举行，原因不得而知。但2017年已经过了特殊

---

① European Commission, 23rd Japan-EU Summit, Tokyo, May 29, 2015, Joint Press Statement, MEMO/15/5075.

时期，在双边联合新闻公报中没有任何内容涉及东海、南海问题，甚至没有涉及任何海洋事务。这同样也可反证，无论此前双边声明中如何谈论海洋事务，无论是否提及东海或南海，也无论是否提及中国，其焦点都是指向中国，主要是指向南海，顺便提及东海。

2018 年 7 月第二十五次欧盟和日本领导人峰会联合声明再次提及了东海、南海问题。当然，仅仅只是提及而已。双方表示“我们确认基于今日签署的《战略伙伴关系协定》……解决朝鲜、乌克兰和俄罗斯议题，包括东海、南海问题在内的海上安全以及大规模杀伤性武器的不扩散议题的共同责任”①。

三　欧盟在与南海周边国家和东盟双边关系中对东海、南海问题的处理

这一时期，东海、南海问题同样出现在欧盟与南海周边国家，也是与中国存在相关争端的主要当事国越南和菲律宾的双边关系的议程上。不过，相关问题并没有出现在欧盟与其他南海周边国家，如马来西亚、文莱和印度尼西亚的双边关系的议程上。此外，在已

① EU-Japan Summit Joint Statement, Tokyo, July 17, 2018, http://www.consilium.europa.eu/en/press/press-releases/2018/07/17/eu-japan-summit-joint-statement/.

多年未出现在欧盟和东盟双边关系议程上之后，南海问题也回到了议程上。

（一）欧盟在与越南双边关系中对东海、南海问题的处理

越南只是南海问题当事国，与东海问题没有关系。但是，东海问题与南海问题同时出现在欧盟与越南的联合新闻公报中。在这一特殊时期（2012—2016 年），欧盟和越南分别于 2014 年和 2015 年发表了两次联合新闻公报或新闻声明。相比欧盟与日本的联合新闻公报，这两次新闻公报比较慎重，相对平和。

在 2014 年 8 月的《欧盟与越南社会主义共和国联合新闻公报》中，南海和东海议题放在具体事项的最后一段，相关表述为：

> 14. 双方领导人讨论了南海和东海当前的紧张局势，一致认为领土争端应本着合作和尊重国际法（包括《联合国海洋法公约》）的精神和平解决。巴罗佐主席重申欧盟支持政治——外交进程，尊重当事方寻求依据国际法，包括通过争端解决法律机制和平解决争端的权利。巴罗佐主席还确认欧盟支持当前正在进行的旨在达成一份正式和有法律约束力的“行为准则”的努力。在希望这

> 些讨论不断加强并尽快完成的同时，欧盟呼吁各方避免采取加剧紧张，威胁和平、稳定、海洋安全和地区安全的单方行动，遵守《南海各方行为宣言》其他相关规定。①

2015年12月，越南总理历史性访问欧盟，双方的联合表态是以欧盟委员会主席、欧盟理事会主席和越南总理的名义发表新闻声明的形式公布的。在该声明中，双方表示：

> 我们讨论了地区和全球挑战，包括移民和难民危机，商定共同努力处理这些挑战。我们一致认为加强伙伴关系有助于确保地区和平与稳定。我们致力于维护和平，促进海上安全，维护南海航行和飞越自由以及畅通的合法贸易。我们对大规模填海造地等各种事态的发展表示严重关切，同意避免使用或威胁使用武力至关重要，克制采取单方行动至关重要，依据普遍接受的国际法原则，包括《联合国海洋法公约》规定的原则，以和平方法解决领土和海洋争端至关重要。我们支

① European Commission, Joint press statement between the Socialist Republic of Vietnam and the European Union, August 25, 2014, STATEMENT/14/257, p. 3.

持全面、有效落实《南海各方行为宣言》，并迅速达成有效的“南海行为准则”。①

（二）欧盟在与菲律宾双边关系中对南海问题的处理

2014年9月，时任菲律宾总统阿基诺三世历史性访问欧盟，试图寻求欧盟对其提起并推进南海仲裁案的支持。由于菲律宾是涉案当事方，欧盟表现得更加慎重。欧盟委员会仅公开了委员会主席巴罗佐在会见阿基诺三世之后的一份相对简短的个人表态：

> 今天，我们还讨论了包括海洋问题在内的地区形势。需要强调的是，欧盟鼓励各方依据国际法，特别是《联合国海洋法公约》，通过对话与合作寻求和平的解决方案。欧盟对成为《东南亚友好合作条约》的缔约方感到自豪，我们忆及其基本原则，即通过和平手段解决分歧，拒绝威胁使用或使用武力，各伙伴开展有效合作。②

---

① European Commission, Press Statement by the President of the European Commission Jean-Claude Juncker, the President of the European Council Donald Tusk and the Prime Minister of Viet Nam Nguyen Tan Dung, Brussels, December 2, 2015, STATEMENT/15/6217.

② European Commission, Remarks by President Barroso following his meeting with President Benigno Aquino III of the Philippines, Brussels, September 15, 2014, SPEECH/14/600.

欧盟的慎重是正常的，也值得称道。任何一点不慎都可能引发欧盟在菲律宾与中国相关争端，特别是在南海仲裁案中选边站队的联想，这不仅是中国不愿意看到的，更会将欧盟置于更加不利的角色中。欧盟很清楚这一点：它可以在一定程度上满足日本的关切、满足越南的关切，但绝不能满足案件当事方菲律宾的关切。

（三）欧盟在与东盟双边关系中对南海问题的处理

南海问题本质上是中国和其他南海周边国家之间的事情，不是中国与东盟之间的事情。但其他南海周边国家都是东盟成员国，因此在与东盟的双边关系中提及南海问题也是一件正常的事情。在 2012—2016 年的特殊时期，欧盟出台了一份对东盟政策性文件，即欧盟委员会、欧盟外交事务与安全政策高级代表发表的联合通讯《欧盟和东盟：具有战略目的的伙伴关系》。就相关议题，该通讯如是表述：

> 海上安全是一个共同关切的重大挑战，是欧盟推动改善海洋治理的关键要素。全球约有 50% 的航运（以吨位计）通过南海。经由这些水域的能源供应、原材料和货物对包括欧盟在内的大多数经济体来说至关重要。因此，欧盟对维护南海

的稳定和安全以及尊重包括《联合国海洋法公约》在内的国际法都具有很强的利益。我们一贯呼吁以和平与合作的方式解决领土争端，强烈支持东盟和中国正在就达成“南海行为准则”做出的努力，鼓励早日结束谈判。[①]

……

此外，诸如乌克兰这样的区域冲突、南海的紧张形势以及伊朗、朝鲜的核问题，在本质上都关乎核心安全原则和如何确保国际法的遵守。欧盟和东盟都是基于规则和有效的多边主义的强大支持者，对在这些具有全球意义的区域问题上加强合作存在既有利益。[②]

四 欧盟在其他国际场合对东海、南海问题的处理

除了双边场合，七国集团是欧盟参与的涉东海、南海问题的重要场合。此外，欧盟还令人意外地在《公约》缔约方会议上就南海仲裁案对中国“开火”。

---

① European Commission and High Representative of the Union for Foreign Affairs and Security Policy, Joint Communication, The EU and ASEAN: A Partnership with a Strategic Purpose, 18. 05. 2015, JOIN (2015) 22 final, p. 12.

② Ibid. , p. 14.

（一）七国集团就东海、南海问题施压中国

欧盟及其成员国德国、法国、意大利和英国是七国集团成员。对华海洋事务本与七国集团的职能没有直接关联。自1975年举行首次会议以来，它在40年的时间内从未提及过东海、南海问题。但在2012年以来的亚太地区形势的特殊氛围下，自2014年起，在外长声明和峰会声明中，七国集团以多种方式对南海、东海问题表态，目的都是向中国施压，为南海仲裁案背书，反对中国的岛礁建设。

2014年，俄罗斯因乌克兰问题被取消八国集团（G8）成员资格，原定在俄罗斯索契召开的八国集团会议临时调整为由欧盟作为东道主在布鲁塞尔举办七国集团会议。2014年6月4日发布的七国集团《领导人对外政策公报》在“海上航行和航空”（Maritime Navigation and Aviation）议题下称“我们对东海和南海的紧张局势深表关切……”[①] 次日发布的《布鲁塞尔峰会宣言》完全复述了上述内容。[②] 这是七国集团首次明确提及东海、南海问题。其内容如下：

① European Commission, G7 Leaders' Communiqué, June 2014, Foreign Policy, 4 June 2014, IP/14/637, p. 5, para. 16.

② European Commission, The Brussels G7 Summit Declaration, 5 June 2014, MEMO/14/402, p. 10, para. 39.

39. 我们重申维护建立在普遍接受的国际法原则基础上的海洋秩序的重要性。我们继续致力于依据国际法和公认的国际水域管辖权原则打击海盗和其他海上犯罪的国际合作。我们对东海和南海的紧张局势深感关切。我们反对任何一方企图通过使用恐吓、胁迫或武力提出领土或海洋权利主张。我们呼吁所有各方依据国际法澄清和处理领土和海洋权利主张。我们支持声索方寻求依据国际法，包括通过争端解决法律机制和平解决争端的权利。我们还支持建立信任措施。我们强调航行和飞越自由的重要性，以及在国际法和国际民航组织的标准与实践基础上对民航交通进行有效管理的重要性。①

在2014年“海上航行和航空”作铺垫的基础上，2015年4月七国集团专门发表七国集团外长《关于海上安全的宣言》。其中专门谈及东海和南海的有两处，并明确提及中国在南海的岛礁建设、间接要求中国接受并执行南海仲裁案仲裁庭可能做出的裁决、就“南海行为准则”的制定工作发表意见等。

在序言性文字第四段，《宣言》指出：

---

① European Commission, The Brussels G7 Summit Declaration, June 5, 2014, MEMO/14/402, p. 10, para. 39.

> 我们致力于依据国际法原则，特别是体现在《联合国海洋法公约》中的原则维护海洋秩序。我们继续注视着东海和南海的局势，关切改变现状和加剧紧张的任何单方行动，例如大规模填海造地。我们强烈反对通过使用恐吓、胁迫或者武力提出领土或海洋权利主张的企图。我们呼吁所有国家依据国际法，包括通过公认的争端解决法律机制和平管理或解决海洋争端，完全执行由有关法院或法庭做出的对其具有约束力的任何决定。我们强调沿海国克制采取可对尚未最终划界海域海洋环境造成永久物理改变的单方行动。①

在正文第一部分“促进地区合作、所有权和责任”第一段，《宣言》表示：

> 我们呼吁加快在南海制定全面行为准则的工作，在此期间，强调对2002年东盟《南海各方行为宣言》的支持。我们强调切实可行的建立信任措施的建设性作用，例如建立危机直接沟通联系，以及建立行动指导原则和规则的努力，例如东盟—中国有关南海行为准则的对话。我们鼓励各

① G7 Foreign Ministers' Declaration on Maritime Security, April 15, 2015, https://www.auswaertiges-amt.de/de/newsroom/-/270810.

国尽最大努力履行承诺，我们计划在能力限度和地区优先事项范围内对此予以协助。此外，我们欢迎东亚峰会、东盟地区论坛、欧盟—东盟合作以及地区与海岸警卫队论坛等相关场合提出的海上安全倡议。①

在随后2015年6月举行的七国集团峰会（德国是东道主）发表的宣言中，以“维护规则为基的海上秩序，实现海上安全”为题专门针对东海、南海问题（主要是南海问题）表述了七国集团的立场。声明称：

我们致力于依据国际法原则，特别是体现在《联合国海洋法公约》中的原则维护海洋秩序。我们对东海和南海的紧张局势感到关切。我们强调和平解决争端、自由和不受阻碍地合法使用世界海洋的重要性。我们强烈反对通过使用恐吓、胁迫或者武力以及任何单方措施寻求改变现状，例如大规模填海造地。我们支持七国集团外长在（德国）吕贝克发表的《关于海上安全的声明》。②

---

① G7 Foreign Ministers' Declaration on Maritime Security, April 15, 2015, https://www.auswaertiges-amt.de/de/newsroom/-/270810.

② Leaders' Declaration G7 Summit, June 7-8, 2015, p.8, https://www.g7germany.de/Content/DE/_Anlagen/G7-G20/2015-06-08-g7-abschluss-eng.df?_blob=publication Filev=6.

2016年七国集团在日本举行外长会和领导人峰会，它延续了2015年的模式。2016年4月的七国集团外长《关于海上安全的声明》明确表示：

> 我们对东海和南海局势感到关切，强调和平管理和解决争端的根本重要性。我们表示对可能改变现状和加剧紧张的任何恐吓、胁迫或者挑衅性单方面行动的强烈反对，敦促所有国家克制采取诸如填海造地，包括大规模填海造地、建设前哨基地和将其用于军事目的等行为，并依据国际法，包括航行和飞越自由开展行动。对尚未最终划界的海域，我们强调沿海国克制采取可对海洋环境造成永久物理改变的单方行动，它们可能危及或妨碍达成最终协定，危及或妨碍在这些区域做出切实可行的临时安排的一切努力的重要性。我们鼓励进一步参与建立信任措施，例如寻求在该地区建立信任和安全的对话。我们呼吁全面、有效、整体落实《南海各方行为宣言》（DOC），早日制定有效的“南海行为准则”（CoC）。[1]

随后2016年5月发表的七国集团《领导人宣言》

① G7 Foreign Ministers' Statement on Maritime Security, April 11, 2016, pp. 1－2, https://www.mofa.go.jp/files/000147444.pdf.

表示：

> 我们重申致力于依据国际法原则，特别是体现在《联合国海洋法公约》中的原则维护以规则为基的海洋秩序，致力于由建立信任措施和包括通过法律方法支持的和平解决争端，致力于海洋的可持续利用，致力于尊重航行和飞越自由。我们重申各国依据国际法提出和澄清各自权利主张的重要性，克制采取可能加剧紧张的单方行动，不使用武力或胁迫手段来推行其主张，寻求通过包括仲裁在内的法律手段等和平方式解决争端。①

同时指出："我们重申加强海上安全和海洋安全的重要性，特别是通过国际和地区合作打击海盗。""我们对南海和东海局势感到关切，强调和平管理和解决争端的根本重要性。""我们支持七国集团外长发表的《关于海上安全的声明》。"②

随着南海仲裁案2016年7月充满谬误的裁决的出台，中国的岛礁建设也基本尘埃落定，七国集团会议虽然在外长声明和领导人会晤公报中仍然提及东海、

① G7 Ise-Shima Leaders' Declaration, G7 Ise-Shima Summit, May 26 – 27, 2016, p. 25, http://www.g8.utoronto.ca/summit/2016shima/ise-shima-declaration-en.pdf.

② Ibid..

南海问题，但不再出台涉海专门文件。

2017年4月《外长会议联合公报》指出，七国集团“重申致力于维护一个以国际法，包括反映在《联合国海洋法公约》中的国际法为坚实基础的以规则为基的海洋秩序，致力于通过法律方法和建立信任措施和平解决争端”①。“重申致力于航行和飞越自由，以及其他权利、自由和海洋的国际合法使用。”② 就东海、南海问题，七国集团表示：

> 我们仍然关注东海和南海的形势。我们强调建立信任和安全以及依据国际法，包括通过国际认可的争端解决法律机制，包括采用仲裁善意、和平管理和解决海洋争端的根本重要性。我们重申强烈反对加剧紧张的任何单方行动，例如威胁使用或使用武力、大规模填海造地、建设前哨以及将它们用于军事目的，敦促所有各方将争议地物非军事化，遵守各自承担的国际法义务。我们认为《联合国海洋法公约》项下仲裁庭2016年7月12日做出的裁决是进一步作出和平解决在南海的争端的努力的有益基础。我们鼓励基于国

① G7 Foreign Ministers' Meeting, Lucca, April 10 - 11, 2017, Joint Communiqué, p. 22, https://www.esteri.it/mae/resource/doc/2017/04/g7_2017_fmm-joint_communiqué.pdf.

② Ibid., p. 23.

际法的对话，以最终达成有效的“南海行为准则”（CoC），欢迎各方朝此方向努力。我们呼吁从整体上全面和有效落实《南海各方行为宣言》（DOC）。①

随后5月的领导人《陶尔米纳公报》指出：

我们重申致力于维护基于国际法原则，包括《联合国海洋法公约》所反映的国际法原则的海洋秩序，致力于通过外交和法律方法，包括仲裁和平解决海洋争端。我们仍然关注东海和南海的形势，强烈反对可加剧紧张的任何单方行动。我们敦促所有各方追求争议地物的非军事化。②

2018年4月的《外长会议公报》指出：

我们重申致力于促进合作性国际海洋治理，致力于以国际法，包括反映在《联合国海洋法公

① G7 Foreign Ministers' Meeting, Lucca, April 10 - 11, 2017, Joint Communiqué, p. 23, https://www.esteri.it/mae/resource/doc/2017/04/g7_2017_fmm-joint_communiqué.pdf.

② "G7 Taormina Leaders' Communiqué", May 26 - 27, 2017, p. 3, para. 14, http://www.g7italy.it/sites/default/files/documents/G7%20Taormina%20Leaders%27%20Communiqué_27052017_0.pdf.

约》中的国际法为基础的海洋秩序，致力于建立信任和确保安全，致力于不威胁使用武力或强迫，依据国际法，包括国际认可的争端解决法律机制，包括仲裁和平管理和解决争端。我们重申致力于公海自由，包括航行和飞越自由以及其他权利，包括沿海国的权利和管辖权以及国际合法使用海洋。在此背景下，我们强调维护基于法治的自由、开放的印太区域的重要性，愿意和东盟（ASEAN）以及其他国家为此共同作出努力。

我们仍然关注东海和南海形势。我们重申强烈反对加剧紧张、损害区域稳定和以规则为基的国际秩序的任何单方行动，例如威胁使用或使用武力、大规模填海造地、建设前哨以及将它们用于军事目的。我们敦促所有各方遵守所承担的国际法义务，呼吁从整体上完全和有效落实《南海各方行为宣言》中的承诺。我们强调正在进行的有效行为宣言谈判的重要性，欢迎一份不减损各方享有的国际法权利或影响第三方权利的协议。我们还认可，为确保区域安全，外交努力应带来争议地物的非军事化以及符合国际法的和平、开放的南海。我们认为《联合国海洋法公约》项下仲裁庭2016年7月12日做出的裁决是进一步作出和平解决在南海的争端的努力的有益基础。我

> 们重申对破坏南海海洋生态的关切，这威胁可持续性和区域鱼类种群，重申通过加强国际合作以促进对海洋环境的保护。我们重申致力于进一步加强海洋安全和海上安全、海洋环境的保护和可持续管理的国际合作。①

2018年6月七国集团（G7）领导人峰会发布的《夏尔瓦峰会公报》称："我们仍然关注东海和南海的形势，重申强烈反对加剧紧张、损害地区稳定和以规则为基的国际秩序的任何单方行为。我们敦促各方推进争议地物的非军事化。"②

从上述七国集团文件涉东海、南海问题的具体内容来看，除一般性表态外，这些文件实际上只针对有关南海的两个密切关联的事项，即南海仲裁案和中国在南沙群岛的岛礁建设。很难判断欧盟在七国集团上述讨论中表达了什么观点、发挥了多大作用。但上述议题主要出现在欧盟及其成员国德国主持七国集团峰会期间，无论它们出现的背后是何种力量，

① "G7 Foreign Ministers' Communiqué", April 23, 2018, paras. 8 – 9, https：//g7. gc. ca/en/g7 – presidency/themes/building – peaceful – seure – world/g7 – ministerial – meeting/g7 – foreign – ministers – joint – communique/.

② "The Charlevoix G7 Summit Communique, G7 2018 Charlevoix", p. 7, para. 19, https：//g7. gc. ca/en/official – documents/charleroix – g7 – summit – communique/.

客观上欧盟都需要承担责任。在七国集团领导人峰会最后声明首次提及东海和南海是欧盟担任东道主的2014年，而德国担任东道主的2015年，七国集团外长会议历史性就海洋安全单独发表声明。[①] 这种情势的出现，“日本极力推动是一方面，但不是唯一原因。美国的态度肯定是积极的；但若没有七国集团会议东道主欧盟和德国的协调甚至积极配合，日本也不可能达到目的”[②]。

（二）欧盟在《公约》缔约方会议上就南海仲裁案批评中国

虽然欧盟私下鼓励菲律宾将中国诉诸国际争端解决法律机制的可能性存在，但是没有证据显示菲律宾2013年1月提起南海仲裁案一事与其有关联。可以证实的是，2014年[③]和2015年[④]，欧盟连续两年在《公

① 参见中国外交部网站《2015年4月17日外交部发言人洪磊主持例行记者会》，http://www.mfa.gov.cn/mfa_chn/fyrbt_602243/jzhsl_602247/t1255612.shtml。

② 刘衡：《介入域外海洋事务：欧盟海洋战略转型》，载《世界经济与政治》2015年第10期。

③ See EU Statement, "United Nations Convention on Law of the Sea: Report of the International Tribunal for Law of the Sea", June 9, 2014, http://eu-un.europa.eu/articles/en/article_15126_en.htm.

④ See EU Statement, "United Nations Convention on Law of the Sea: Report of the International Tribunal for Law of the Sea", June 8, 2015, http://eu-un.europa.eu/articles/en/article_16527_en.htm.

约》缔约方会议上对中国不参与、不接受南海仲裁案的行为进行公开批评，就中国是否执行可能做出的仲裁裁决向中国施压。

这两次《公约》缔约方会议是对国际海洋法法庭（ITLOS）的工作报告进行审议的专门会议。在2014年会议上，欧盟代表借尼日尔成为《公约》第166个缔约方一事话锋一转，开始讨论《公约》强制争端解决机制的重要性，他指出："欧盟及其成员国认为，建立综合的强制争端解决机制是《公约》最重要的创新。成为《公约》缔约方意味着明确接受了《公约》规定的强制争端解决机制，同时默示表明，其接受和执行依据《公约》负责争端解决的相关机构（包括国际海洋法法庭、国际法院和依《公约》成立的仲裁法庭）所做出的决定"，"我们非常关注（with great concern）一些缔约方拒绝参与《公约》项下（附件七）仲裁程序一事。我们希望所有缔约方都遵守《公约》争端解决机制，参与此种程序，并接受和执行相关机构通过的决定"①。在2015年的会议上，欧盟干脆连转折也省了，直接重申其2014年对中国不应诉南海仲裁案的批评立场。

① EU Statement, "United Nations Convention on Law of the Sea: Report of the International Tribunal for Law of the Sea", June 9, 2014, http://eu-un.europa.eu/articles/en/article_15126_en.htm.

自欧债危机以来，国际海洋法法庭的预算问题基本上是欧盟这几年唯一关心的问题。但是，在这两年的缔约方会议审议国际海洋法法庭工作报告的过程中，它却毫无征兆地顺手向中国投枪。[①] 在一个审议国际海洋法法庭工作报告的场合，拿自身并非当事方且与国际海洋法法庭工作没有实质联系的仲裁说事，有点不可接受。将这理解为欧盟对南海仲裁案的表态和对菲方的支持，恐怕并不过分；同时，这也是它试图介入南海问题（争端）的直接证据。

五　小结

此前，除了欧盟自己的文件和中欧双边文件，欧盟只是在对东盟的双边政策文件中提到过南海问题。因此，这一时期欧盟在与如此多的第三方双边关系中涉及东海、南海问题，创下了多个先例。

前面谈到，欧盟在这一时期针对涉华海洋事务发表的专门声明中，多表现得激进，而且多与美国的相关表态保持一致。但是在与美国发表联合声明时，欧

① 欧盟并没有点中国的名。考虑到中国和俄罗斯都坚持不参与、不接受被他方提起的《公约》附件七仲裁，欧盟的批评可适用于二者。但是，俄罗斯同时坚持不参与、不接受国际海洋法法庭的相关案件，而欧盟在审议国际海洋法法庭报告的会议上并没有提及这一点。由此可见欧盟的上述批评只是针对中国。

盟又表现得相对谨慎，态度明显缓和。在与日本的联合声明、七国集团文件中，欧盟又表现出相对激进的态度。但在与南海问题当事国（越南、菲律宾）以及东盟对相关事项的处理中，欧盟又表现得比较慎重。特别是对南海仲裁案当事方菲律宾，欧盟出言谨慎，态度似乎不偏不倚。到了其他场合，又对南海仲裁案表达出激进情绪。另一个值得注意的是，欧盟与东盟、菲律宾都只讨论南海问题，但与日本和越南既讨论东海问题也讨论南海问题。看似混乱的实践中，体现了欧盟处理东海、南海问题的拿捏。

第五章　总结与展望

欧盟与中国建交40多年来，涉华海洋事务进入对华关系议事日程是近20多年的故事。欧盟处理涉华海洋事务从1995年提及南海问题开始，但在早期阶段，它的主要诉求是中欧双边海上运输合作。2007年，欧盟开启海洋战略转型，推行积极介入域外海洋事务的政策，其目光也慢慢投向了东亚海洋事务。东海、南海问题是欧盟涉华海洋事务的主要内容，尤其是南海问题。受多种因素影响，2012—2016年，欧盟在东海、南海问题上表现得较为“进取”，对华海洋政策与实践经历了一段非常时期。2016年南海仲裁案7月裁决公布后，欧盟对东海、南海问题立场出现明显回调。与此同时，双方在海洋综合管理、海洋生态、极地事务以及亚丁湾合作打击海盗等方面，表现出越来越强烈的合作需求。这种强烈的合作需求反映在2018年7月的《第二十次中国欧盟领导人会晤联合声明》

中，中欧海洋合作到了一个新的起点。

一 欧盟对东海、南海问题的基本立场和主要特点

在2012年以前，欧盟没有公开提过东海问题。2012年和2013年分别针对钓鱼岛事态和中国划设东海防空识别区发表专门声明，是仅有的两次单独谈及东海问题的情形。此后在相关事项上，欧盟总是同时提及东海、南海问题，但多数情况下是针对南海，东海只是顺便提及。

（一）欧盟对东海、南海问题的基本立场

2012年《关于东亚海域新近发展的声明》点明了欧盟对东海问题的三点基本立场：第一，依据国际法澄清各自权利主张；第二，依据国际法寻求和平、合作的解决方案；第三，谨慎管控分歧，避免事态升级。

在南海问题上，有些学者认为欧盟有比较确定的实际立场，并将其概括为“三不四坚持”，即坚持有效多边主义、坚持通过外交和平解决争端、坚持欧盟可基于国际法发挥调解作用、坚持分享经验；不军事

干预、不发挥主导作用、不公开提及任何当事方。[①]这个概括过于笼统，没有超出2012年《东亚外交与安全政策指南》的框架。根据前面的论述，欧盟对南海问题的基本立场可以概括为六个方面：第一，对争端各方提出的权利主张不持立场；第二，应依据国际法提出并推进其权利主张；第三，应依据国际法，特别是《公约》寻求和平解决争端，2007年以前支持通过谈判解决争端，2012年以后主要支持通过法律手段解决争端；第四，应尊重航行和飞越自由；第五，有效落实《南海各方行为宣言》，加快推进“南海行为准则”；第六，和平管理争端，避免改变现状、加剧紧张的单方行为。

（二）欧盟涉东海、南海问题的主要特点

因地理、历史等多种原因，欧盟一向对东海、南海问题较少关注。它在最初涉及东海、南海问题时还出言谨慎，使用“东亚海洋事务”这种表述来替代东海、南海问题，后来便直接谈论东海问题、南海问题了。总体上，欧盟涉东海、南海问题（特别是南海问

① Bruno Hellendorff and Truong-Minh Vu, “Three ‘No’s’ and Four ‘Yes’s’: The EU Possible Contribution to South China Sea Stability”, Paper presented at the 6th International Conference: “The South China Sea: Cooperation for Regional Security and Development, November 2014”.

题）具有五个主要特点。[①]

第一，模糊性。除了2012年《东亚外交与安全政策指南》中阐述的一些初步立场外，欧盟并未出台明确的“东亚海洋事务战略”或者“南海战略”，也没有明确的政策选项，应景的情况要多一些。这样的后果是，很难对欧盟介入东海、南海问题的动机和目标做出准确判断。它是想显示自身的存在，还是给中国制造不愉快，或者与其他西方国家一起围堵中国？还是基于自身客观理解做出的自然反应？或者兼而有之？等等，现阶段还无法看得很清楚。从2012年以来的情况看，政策上从经贸利益方面考虑得多一些，但实践中似乎更多的是配合美国对华战略。

第二，演进性，或者说阶段性。这至少有两个表现，首先，欧盟介入东海、南海问题最初未必是一个主动的选择，但现在已经变得相对积极。“东亚海洋事务”是欧盟使用的词汇，最初的动机或许只是想适当表达一下对南海问题的关注，以证明它并非只是一个区域组织，而是一个全球行为体，但是，又担心刺激中国或者引发相关国家和组织的其他联想，因而选择了这个词汇。现在，“东亚海洋事务”已经明确不仅指向南海，也延伸到了东海。而且，欧盟使用“东亚

① 参见刘衡《介入域外海洋事务：欧盟海洋战略转型》，载《世界经济与政治》2015年第10期。

海洋事务”的时候越来越少，开始直接指明南海、东海。其次，虽然战略目标依然模糊，但是欧盟对南海、东海的具体政策取向似乎日趋清晰。以南海为例，它在2012—2016年这一时期的表现，很难说其一直在遵循2012年政策指南确定的基本立场和所谓的“三不四坚持”原则。不过2016年7月后回调明显。

第三，集体行动。一段时期内，欧盟对南海和东海表现出比以往更强的进取心，但是单独行动的时候并不多，而是主要与美国、日本和七国集团联合行动，且不挑头。这种做法与它在世界贸易组织（WTO）争端解决机制中对中国采取的行动路线非常相似。[①] 美国因素在发挥作用，欧盟内部的状况也是一个重要方面。[②] 今后一段时间内，欧盟挑头的可能不大。如果中国在南海、东海方向处理得比较好，欧盟的进取态势会有所收缩。2016年7月后的情况也表明了这一点。

第四，与中国利益相悖。南海问题上，中国反对

① 在世界贸易组织（WTO）争端解决机制中，欧盟直到2006年才对中国提起第一起申诉，但中国很快成为欧盟的最主要指控目标。截至2018年8月31日，欧盟诉中国已达九次，最新一次发生在2018年6月1日，在同期被欧盟诉WTO成员中排名第一；但是欧盟单独申诉只有三起，其余六起都是与其他成员联合申诉，美国参与了其中五起、日本参与了其中两起（含1起美国未参与的案件）。

② 近年来，欧盟内部问题重重，如欧债危机、难民危机、英国“脱欧”等，这影响了欧盟的对外行动能力。

国际化、多边化、司法化；东海问题仅涉及中日两国，基本立场更不待言。欧盟的表现明显与中国立场相左。首先，欧盟不断在国际和多边场合（甚至一些与这些问题毫不相关的场合）表达对东海、南海问题的关注，不是一种令中国感到舒服的做法。其次，虽然欧盟自身的海洋争端都不是通过国际法律机制解决，但是，它主张南海和东海相关争端通过国际法律机制解决，对菲方提起南海仲裁案的支持是它上述态度的具体体现。最后，就东亚形势而言，有三个背景事实众所周知：美国 2010 年正式提出“亚太再平衡”战略、中日关系因钓鱼岛问题和相关历史问题持续恶化、菲律宾和越南是中国在南海问题上的两大主要争议方。欧盟在 2012 年以后的所作所为似乎或呼应或强化这些事实。比如，它对东海、南海问题单独发表专门声明，宣布自身在东亚具有重要利益；分别与美国和日本发表联合声明，支持美国深度介入南海、东海的行为，在东海方向支持日本，也支持日本（域外国家）实质介入南海；相继接待寻求其在南海问题上对本方立场进行支持的菲律宾和越南领导人对它的历史性访问。很多事情也许只是碰巧凑到了一起，不必过多解读，但是，欧盟的动机和目的仍然不得不令人产生疑惑。

第五，重视国际法在涉海事务中的作用。这主要表现在两个方面：一是在没有利益倾向时尽可能基于包括《公约》在内的国际法对事务做出评判；二是在有利益倾向时，包括有明显利益倾向时也尽可能以包括《公约》在内的国际法作为表面理据——换言之，即使在没有国际法理据给中国施加政治压力时，仍然以国际法语言，甚至有时候通过曲解国际法来装扮其政治利益。欧盟的这一特点并不单独针对涉华海洋事务，而是其作为一个“法治共同体”在对外关系中的基本表现，也可能是基于自身成功经验向相关国际社会输出法治观念的一种表现。[①] 虽然这种做法有其弊端，但总体上是有利于促进国际关系的法治化、促进国际法治（特别是海洋法治）建设的。

总体上，由于涉华海洋事务在欧盟海洋战略中的整体地位偏低，在短时间内，它还不会提出明确的对华战略。2016 年 6 月《欧盟对华新战略要素》中涉及东海、南海问题的内容主要是基本立场的宣示。但是在模糊的基本面上，它的政策取向似乎有逐渐明晰的迹象（至少在某些特殊时段）；在国际和多边场合，在事关南海和东海问题的具体议题和工作层面上，不时给中国制造不愉快可能将成为一种“新常态”。另外，欧盟虽然宣称在东亚海域“具有重要利益”，但

① 有关这方面的情况，参见谢琼、刘衡《欧盟的国际法治观——基于联合国“国内和国际法治议题”探析》，载《欧洲研究》2016 年第 1 期。

是它在这一海域除了贸易以及相关的航运安全利益，一无地缘政治利益、二无资源和能源利益、三无军事利益。对此，2016 年《欧盟对华新战略要素》比较准确地进行了描述。在该文件中，欧盟表示“大量的国际海上贸易通过这一海域意味着航行和飞越自由对欧盟至关重要”。事实上，即使在贸易和航运安全方面，也主要涉及南海，与东海关系不大，而且欧盟和中国在这方面的利益交汇远远大于分歧。因此，在涉华东海、南海问题上，盟友利益大于欧盟自身的利益，美国因素对它（尤其是其主要成员国）这方面的战略和政策选择有明显影响，有时甚至是决定性影响。无论如何，南海问题 2018 年首次进入了中欧领导人会晤联合声明，这表明中欧双方至少在领导层已就该问题达成一定的共识。

二　加强中欧海洋合作的可能领域

自 2010 年起，特别是 2012 年以后，中欧双边提及海洋合作的时候越来越多，加强海洋合作的趋势越来越明显。例如，2017 年双方举行了“中国—欧盟蓝色年”活动，双方同意构建“中欧蓝色伙伴关系”。

加强海洋综合管理、发展海洋经济、提高海洋资源开发能力、保护海洋生态环境、维护国家海洋权益和建设海上丝绸之路是中国发展海洋的六大领域。[①] 这其中，欧盟在海洋综合管理、发展海洋经济、提高海洋资源开发能力、保护海洋生态环境等方面具有较为丰富和成熟的经验可资中国借鉴。

在建设海上丝绸之路方面，继 2015 年 3 月发布《推动共建丝绸之路经济带和 21 世纪海上丝绸之路的愿景与行动》[②] 之后，中国于 2017 年 6 月发布《“一带一路”建设海上合作设想》[③]。《建设海上合作设想》就“与 21 世纪海上丝绸之路沿线各国一道开展全方位、多领域的海上合作，共同打造开放、包容的合作平台，建立积极务实的蓝色伙伴关系，铸造可持续发展的‘蓝色引擎’”列明了合作重点，包括保护海洋生态环境、科学开发利用海洋资源、维护海上安全、促进海洋可持续发展、共同参与海洋治理。

此外，在全球海洋治理议题中，双方在北极事务和国家管辖范围以外区域海洋生物多样性的养护和可持续利用（BBNJ）国际文书的谈判方面也多有交集。

---

① 更多具体情况，参见国家海洋局海洋发展战略研究所编写的年度系列《中国海洋发展报告》。

② 国家发展改革委、外交部、商务部：《推动共建丝绸之路经济带和 21 世纪海上丝绸之路的愿景与行动》，https：//www. yidaiyilu. gov. cn/wcm. files/upload/CMSydylgw/201702/201702070519013. pdf。

③ 国家发展和改革委员会、国家海洋局：《“一带一路”建设海上合作设想》，https：//www. yidaiyilu. gov. cn/wcm. files/upload/CMSydylgw/201706/201706200152052. pdf。

欧盟和中国都致力于北极的可持续发展，中国已经成为北极理事会的观察员，欧盟仍在积极申请中。欧盟是 BBNJ 国际文书的极力主张和推动者，中国虽然在前期态度消极，但现已变得非常积极主动，力争为“《公约》第三执行协定”BBNJ 国际文书的谈判制定贡献中国智慧。

基于上述，当前及今后一段时期内，双方的海洋合作可以聚焦以下五个方面：第一是海洋综合管理和海洋生态保护等；第二是北极事务，尤其是气候变化、科学研究、环境保护、可持续发展、海洋运输等；第三是“21 世纪海上丝绸之路”与欧盟倡议的合作对接；第四是就 BBNJ 国际文书的谈判制定加强合作；第五是在国际和平与安全框架下就打击海盗、维护海上安全加强合作。

加强中欧海洋合作是双方的实际需求，特别是中国建设海洋强国和建设海上丝绸之路的现实需要，中欧海洋合作前景广阔。

刘衡，法学博士，中国社会科学院欧洲研究所助理研究员，武汉大学国家领土主权和海洋权益协同创新中心研究人员，主要研究领域包括国际争端解决、国际法治和全球治理等。

谢琼，法学博士，中共中央党校国际战略研究院助理研究员，武汉大学国家领土主权和海洋权益协同创新中心研究人员，主要研究领域包括国际争端解决、全球海洋治理等。